证券交易规制制度研究

A Study On The Laws of The Securities Transactions Regulation

张春丽◎著

中国政法大学出版社

2022·北京

图书在版编目（ＣＩＰ）数据

证券交易规制制度研究/张春丽著. —北京：中国政法大学出版社，2022.6
ISBN 978-7-5764-0462-3

Ⅰ.①证… Ⅱ.①张… Ⅲ.①证券交易－金融制度－研究－中国
Ⅳ.①F832.51

中国版本图书馆 CIP 数据核字(2022)第 092154 号

出 版 者	中国政法大学出版社
地　　址	北京市海淀区西土城路 25 号
邮寄地址	北京 100088 信箱 8034 分箱　邮编 100088
网　　址	http://www.cuplpress.com (网络实名：中国政法大学出版社)
电　　话	010-58908285(总编室) 58908433 (编辑部) 58908334(邮购部)
承　　印	固安华明印业有限公司
开　　本	880mm×1230mm　1/32
印　　张	6.5
字　　数	150 千字
版　　次	2022 年 6 月第 1 版
印　　次	2022 年 6 月第 1 次印刷
定　　价	39.00 元

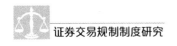

第一编

证券交易规制的一般问题

引　言

2016 年我国证券市场法治化进程加快。内幕交易、市场操纵、证券、资管及私募基金从业人员的利益冲突交易即老鼠仓，不但成为我国证券市场二十多年来的顽疾，而且助长了股市波动，损害了投资者信心。[1] 交易者利用内幕交易规范漏洞的牟利行为，令人瞠目结舌。2015 年 1 月，证券业龙头中信证券大股东在该公司被暂停融资融券业务的前 4 个交易日内，减持3.48 亿股；7 月其作为救市主力军，4 名核心高管涉嫌穿透防火墙、利用救市资金重仓持有市场表现一般的证券，被中国证券监督管理委员会（以下简称证监会）调查。同年，私募超人徐翔执掌的泽熙基金，因涉嫌内幕交易及操纵股价被立案调查，其意义之重大被冠以"恶庄时代的终结"。

频发的市场操纵案也威胁了人们对证券市场的信心，且集中资金、持股和信息优势的传统操纵手段，与跨期现及程序化交易等新型手段的结合越来越紧密。2015 年，国信证券自营套保账户的做空交易，涉嫌致使沪深 300 期指主力合约价格于 2 分

---

〔1〕 2015 年证监会立案的内幕交易案为 85 起，市场操纵案为 71 起，同比增长 373%及 473%。2016 年 1~7 月，证券期货违法违规立案 138 起，在办案件 444起，市场操纵案增长 70%。2016 年 8~10 月，证监会做出内幕交易处罚 11 起，市场操纵处罚 9 起，券商利用非公开信息处罚 3 起。资料来源：《法制日报》2016 年 2 月4 日。

44 秒内下跌超过 0.7%，被限制开仓。伊士顿公司使用高频交易软件自动快速批量下单，以异常价格申报买入，反复开仓平仓，涉嫌期货操纵罪被调查。股市波动中查处的异常交易账户有 24 个具有程序化交易特征。司度（上海）贸易有限公司涉嫌跨市场恶意做空被调查，为其提供融券便利的国信证券以及曾与其有爷孙公司关联的中信证券，也被质疑有帮凶之嫌。

券商及资管等的老鼠仓已成市场固疾。2011 年，前西南证券高管涉嫌利用未公开信息交易，成为券商从业人员老鼠仓第一案。平安资管原投资经理利用客户账户非公开信息交易，成为险资老鼠仓第一案。中信证券在 2015 年救市中，半数核心高管因老鼠仓被立案调查。2015 年下半年，华夏基金、海富通基金及国寿资管等 20 家金融机构涉嫌老鼠仓交易。

2015 年救市中频发的内幕交易、市场操纵及老鼠仓大案要案的重要性，并不次于内幕交易等案件，其折射的中国证券市场问题的严重性，以救市风波来概括似乎并不为过。这些破坏市场机制并消耗投资者信心的案件，是我国存在多年的消息市、庄家市、券商及其他机构投资者的信息防火墙形同虚设的集中反映，其集中爆发说明弥补我国证券法在内幕交易、市场操纵、券商及其他机构投资者利益冲突交易方面的规制漏洞是我国证券市场法治化的题中之义，刻不容缓。

因而新《中华人民共和国证券法》（以下简称《证券法》）通过专门规则弥补现行立法在这些方面的漏洞。然而，新的立法并未从根源上解决内幕交易责任基础狭窄、市场操纵行为认定逻辑中信息性质判断缺失、券商及其他机构投资者规制无效及做市商享有独占性价格形成能力的问题。因而即使依照新法，内幕交易者、市场操纵者、券商、做市商、资管及私募基金管理者，仍可利用发行人重大非公开信息、操纵者人为制造出来的虚假信息及客户非公开信息进行交易。

利用非公开信息或虚假信息的交易，改变了交易者以公开信息为基础进行交易、形成证券公正价格的证券市场根基。非公开信息利用者及虚假信息制造者，不仅能控制证券市场内的价格形成，而且可改变市场自发形成的公开信息的性质，同时也让一般投资者成为内幕交易者、市场操纵者及进行利益冲突交易的券商等机构投资者的价格接受者。

在以公开信息为基础形成证券公正价格的证券市场根基中，广泛蕴含着以证券交易的责任机制，保障信息的公开性、防止非公开信息及虚假信息篡改或混入公开信息的立法要求。不论是从历史层面还是现实层面考量，以保障公开信息之形成及应用为目的的证券交易责任机制，业已成为证券法的根基。

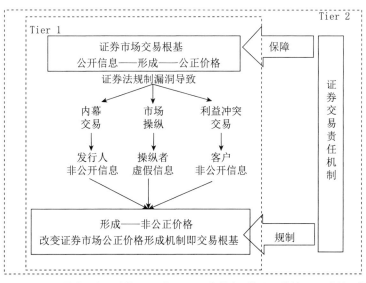

图 1　"公开信息–公正价格"形成 v. "私人信息–非公正价格"形成的逻辑

　　这也对《证券法》提出了新的要求，该法要重塑证券市场根基和投资者信心，就应禁止非公开信息滥用者和虚假信息利用者对证券市场根基的蚕食，应从根源上建立、修订和完善内部人及外部人滥用发行人重大非公开信息的责任，市场操纵者的操纵行为责任，券商、做市商、资管及私募基金投资管理人的利益冲突交易行为的责任。

第一章
我国证券交易规制问题

第一节　证券交易规制问题

一、内幕交易规制不足

内幕交易立法应预防和处理公司内部人、市场专业投资者和收购交易主体的内幕交易行为。我国《证券法》第 50 条禁止发行人内部人及因金融服务或金融监管而临时知悉发行人内幕信息的临时内部人利用内幕信息进行交易。这被称为内部人及临时内部人的身份标尺原则。该法第 53 条禁止非法获取内幕信息的主体利用内幕信息进行交易，细化了非法获取内幕信息的行为类型，内幕信息的利用形式仍限于利用、泄露或建议他人利用三种形式。

现行立法在内幕交易认定上，存在较多漏洞和矛盾，未形成对内幕交易的有效约束。《证券法》第 53 条及 2012 年《最高人民法院，最高人民检察院关于办理内幕交易、泄露内幕信息刑事案件具体应用法律若干问题的解释》规定了内幕信息泄露人的责任。但这些规则均未规定内幕信息受领人即信息泄露人的相对方的责任，也未规定内幕信息通过多个受领人传递给最终利用人时，各个信息传递人及最终利用人的责任。这导致内幕交易者易通过多重信息传递逃避现行法律的规定。实践中，鼓吹依靠专业判断进行知情交易的机构投资者背后，可能不乏多重信息传递的功劳。

依据《证券法》，可合法获得内幕信息的临时内部人或外部人的"抢帽子"行为的性质尚不明确。所谓"抢帽子"，是指证券发行人的投资咨询机构或投资基金等机构以市场分析或研报等方式非常隐秘地扩散或泄露发行人内部信息的行为。该行为不一定能带来直接收益，但可为这些专业机构赢得口碑和客户信赖。我国在《证券法》第 55 条第 6 项中，将"抢帽子"行为认定为市场操纵行为，但未认定其内幕交易性质。

二、市场操纵规制不足

为解决市场操纵问题，我国《证券法》第 55 条、第 56 条分别规定了四类价量操纵及两类信息操纵。虚假申报操纵也称指令型操纵，是价量操纵之一种，以撤单为显著特点。其与通过真实交易拉抬或锁定证券价格的操纵方式不同，交易者利用指令型交易申报的匿名性及交易执行前撤单的便利，能以频繁申报和撤单诱导其他投资者跟风提高报价，并通过反向交易获利。[1]单笔巨额申报及撤单可达到相同效果，尽管一般投资者没有这样的资金优势，但险资或共同基金等机构投资者却常用这种交易策略。虚假申报操纵限定为连续频繁申报及撤单，对机构投资者的资金优势的考量明显不足。

---

[1]《证券法》第 55 条第 1 款第 4 项。

股市波动中，伊士顿公司采用程序化交易也称高频交易进行市场操纵。幌骗型高频交易通常被认定为市场操纵，其特点是交易者快速巨额下单，瞬间拉抬报价，待其他投资者受诱导跟进后，交易者即反向操作获利。股市波动后，两交所的程序化交易被搁置。但目前并没有幌骗型高频交易的禁止性规则出台。

股市波动中始终有调查和规制跨市场操纵的呼声，但囿于《期货交易管理条例》未作规定，《中华人民共和国期货法（草案）》与《证券法（修订草案）》不同步，所以迄今为止并无相关规则。我国以证券为基础资产的衍生品主要有股指期货及股指期权。证券价格与衍生品指数相互影响，集中资金优势、信息优势或通过错误报告等方式均可影响衍生品指数，进而可拉抬或压低证券价格，反之亦然。实践中，市场对金融衍生品的需求来自于投资者的套利避险要求，很多时候衍生品交易采取投资组合形式，并以程序化交易或计算机算法快速计算和运行投资组合。此时，指数操纵、故意操作失误或错误报价都会对证券价格产生很大影响。[1]但这些行为并非《证券法》列举的价量操纵或信息操纵。所以，在跨市场操纵问题上，《证券法》和期货法都有非常大的立法空间，不仅可像2015年《证券法（修订草案）》第95条一样，列举证券及衍生品的相互价量操纵行为，而且可界定市场操纵的抽象概念，并在期现货市场内予以统一。

裸做空是指做空者未融入或安排融入证券，即出售其所融

---

〔1〕 "光大乌龙指"事件是交易程序错误引起的A股震荡的典型案例。参见"A股盘中诡异飙升沪指涨3.19% 多只权重股瞬间涨停"，载 http://finance.dzwww.com/licai/gupiao/201308/t2013816_ 8777097.html，最后访问日期：2013年8月16日。

证券的行为，[1] 是市场下行或危机时交易者常用的获利方式，熔断机制是限制裸做空的一种手段。一般的融券做空说明证券价格被高估，做空者有套利空间。但裸做空的做空者在抛售证券之前，未获得证券所有权，也无融券安排，仅能名义上出售证券，无法真正向买方转移证券所有权。因而，做空者为掩盖其转让证券所有权意图的虚假性，往往会制造转让失败的假象，这被称为滥用性裸做空。[2] 滥用性裸做空的盛行，必然伴随着持续的做空轧价和证券买卖的不平衡，属于严重的市场扰乱。但我国《证券法》未规定滥用性裸做空，其与价量操纵和信息操纵也并不相同。

我国《证券法》豁免了股份回购的操纵嫌疑，这成为市场操纵规则的又一疏漏。发行人以资本金分红时，股份回购可拉抬或锁定证券价格，向投资者传递虚假价格信息。同时，做市商的操纵行为具有特殊性，如其可以与其他交易者合谋，为拉抬或锁定证券价格而做市，这在那些罕为人知的证券的操纵上尤为常见。但 2013 年《全国中小企业股份转让系统业务规则（试行）》未对做市商的操纵行为单独做出规定。

三、券商及其他机构投资者的规制不足

我国《证券法》第 128 条等规定了券商业务隔离、利益冲突交易披露与限制及相关行政责任。《全国中小企业股份转让系统做市商做市业务管理规定（试行）》第 11 条第 4 项规定了主办券商及做市商的经纪、做市及自营业务的隔离，并禁止其利

---

〔1〕 FSA, Short Selling No. 2 Instrument 2008, FSA 2008/50 (Sept. 18, 2008).

〔2〕 FSA, Short Selling No. 2 Instrument 2008, FSA 2008/50 (Sept. 18, 2008).

用发行人或客户的非公开信息牟利。《保险资产管理公司管理暂行规定》第34条及《私募投资基金监督管理暂行办法》第22条规定了客户资管及基金投资业务与保险机构或基金自营业务的分离。

券商、资管及私募基金的投资管理人在证券经纪、投资咨询、资产管理及基金投资等业务中与投资者建立了代理关系（俗称代人理财），可知悉投资者将要买入的证券、报价的限制性指令、投资偏好、资产配置或其他信息，从而成为知情交易者。同时，这些主体又可在自营业务中成为客户的交易相对方或竞争者，可在同向交易中对客户垫头交易，或在做市业务中对客户双向报价。[1]这也凸显了券商等主体的业务隔离制度的重要性。

然而，在券商等机构内部建立的业务隔离制度通常要面对三方面利益冲突交易的冲击。第一，作为一种商业模式，机构墙上人员对经纪及交易业务均有信息准入权或管理权，信息隔离制度对其作用不大。[2]第二，机构间可以互联互通利用客户信息。第三，机构还会研发衍生品或投资组合，针对客户展开知情交易。这三方面的信息泄露或信息交易通常难以追踪。现行立法对机构利益冲突交易处罚也较轻，对新三板做市商尤是如此。[3]实际上，中小企业股转系统主办券商及做市商规则，对券商及做市商责任的规定，更类似于行业自律，连证监会执

---

〔1〕 2013年《全国中小企业股份转让系统主办券商管理细则（试行）》第40条。

〔2〕《证券公司信息隔离墙制度指引》第16条。

〔3〕《证券法》第206条及2013年《全国中小企业股份转让系统业务规则（试行）》第6.2条。

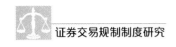
法的空间都非常小。

综上，我国证券、资管或私募基金等立法，在内幕交易、市场操纵、券商或其他机构投资者的业务隔离型规制方面的漏洞或逻辑冲突，导致了市场内始终存在可利用发行人重大非公开信息、操纵者人为制造的虚假信息或客户非公开信息的主体。利用此类信息主体所从事的交易为证券欺诈性交易。因为这三类信息，或者为证券发行人或客户的非公开信息，或者为操纵者故意制造并向市场传递的虚假信息，其可被统称为内幕交易、市场操纵、券商或其他机构投资者利益冲突交易中的私人信息。利用私人信息之交易的存在，改变了公共投资者基于公开信息，公平、公正地在证券市场内进行交易的基本结构。

第二节　证券交易规制问题的根源

一、内幕交易行为人责任基础局限

内幕交易行为人责任基础狭窄是我国内幕交易立法漏洞及逻辑冲突的根本原因。《证券法》第 50 条禁止内部人滥用发行人重大非公开信息的根源，是内部人即发行人的大股东、董事、高管及因工作原因知悉内幕信息的雇员对发行人负有忠诚勤勉义务或信义义务，所以该规定也被称为内部人身份标尺原则，采用的是主体标准。《证券法》第 53 条禁止外部人以违法手段获得及利用内幕信息，是以外部人行为时的主观状态为标准来判断其行为的违法性。

然而，《证券法》按照行为人承担内幕交易责任的基础差异建立的内部人主体标准，适用于与内部人有密切关联的主体时，在内部人及临时内部人的配偶是否须承担内幕交易责任方面出现了逻辑冲突。同时，将外部人主观要件标准适用于无法判断主观状态的外部人时，将持有或利用内幕信息之主体均界定为内幕人，建立了非常宽泛的"持有即违法"的客观要件标准，相当于摒弃了行为人主观要件标准。客观要件标准无须判断外部人实施违法行为时的故意或过失，实为严格责任标准，对无法判断主观状态的外部人也须无差别适用。但即使适用严格责任，内部人信息泄露行为的相对人，即一重或多重信息受领人及最终利用人的责任制度仍未建立。

因而，《证券法》中内幕交易的规则漏洞及逻辑不统一是《证券法》仅以内部人身份及外部人主观状态作为内幕交易责任基础的必然结果。这两类责任基础，既不涵盖与发行人内部人有密切关联的主体，如内部人的近亲属或其他与之有密切关系人，也不涵盖主观上无过错或无法判断其主观状态的外部人。同时，信息受领人及其后的多重受领人和最终利用者的主观状态也不在《证券法》的评价范围内。因而，内部人及临时内部人配偶责任认定的不一致、信息受领人的责任漏洞、过于宽泛的内幕人概念、无辜者内幕交易责任畸重、信息受领人及内部人密切关联人的内幕交易责任畸轻等问题的出现，也就不足为奇，甚至是可以预见的。

综上，内幕交易责任基础过于狭窄，即意味着证券发行人内部人或外部人利用发行人内幕信息的交易行为无法从证券市场中被"挤出"。这相当于证券市场内始终存在一批可利用发行人未公开的"私人"信息，并成为发行人或其他公共投资者的交易相对方的主体。

二、市场操纵行为认定障碍

我国《证券法》未界定市场操纵的抽象概念，原《证券市场操纵行为认定指引（试行）》（以下简称《市场操纵指引》）第 2 条填补了这一空白。但从语义分析，该条对"不正当的⋯影响证券交易价格或交易量⋯扰乱市场秩序的⋯"市场操纵行为的界定，并非对原《证券法》及原《市场操纵指引》列举的操纵行为的抽象概括，而仅是对《证券法》第 55 条、第 56 条及该指引中列举的集中资金、持股、信息优势或制造、传递虚假信息的价量操纵如连续性交易、约定交易及虚假申报的概括。易言之，该概括性的市场操纵概念，须在法律规则列举出具体操纵行为并对其进行填充后才有意义。这导致高频交易及滥用性裸做空等尚未被《证券法》及相关规则列举的操纵行为的违法性处于不明朗状态。尽管这些行为的操纵效果在国内或国际证券市场风波或危机中都有非常明显的体现。

实际上，通过程序化交易、衍生品交易、滥用性裸做空、股份回购及新三板做市行为实施的市场操纵需要行为人有一定的资金、持股或信息优势，才能达到影响证券交易量、拉抬或维持证券价格之效果。但除价量操纵外，其他要素在这些操纵行为中也至关重要。如在幌骗型高频交易中，行为人先以略高于市场报价的指令发出大额交易报价拉抬证券价格，但并无真实成交意愿，所以其通常在发出报价时也发出报价撤销指令，并以极快的交易速度在交易执行前撤单。高频交易者发出巨单指令、在指令执行前撤单，与原《市场操纵指引》界定的虚假交易，有较多相似之处，但不符合"三次以上频繁申报及撤单"的标准。结合我国列举式的市场操纵立法，可倒推出不符合该标准的交易行为，是不能纳入虚假交易操纵范畴的。

这是高频交易操纵的特殊性导致的。除虚假申报及撤单外，高频交易者能以极高的速度试探其他交易者对巨单的反应或诱导其做出符合高频交易者预期的决策，并通过反向交易获利。尽管高速、大额及反向交易也会产生价量操纵之效果，但高频交易毕竟是交易技术及策略的综合应用，非价量操纵所能覆盖，亦不以频繁交易为要件。

相似的问题在其他领域也存在。例如，证券是衍生品的基础资产，因而交易者可利用金融衍生品跨市场操纵证券交易，反之亦然。跨市场操纵需要一定的市场力量，但以证券为特定股指期货或股指期权的基础资产，及操纵者同时具有证券及期货市场的交易资质为必要条件。滥用性裸做空也需要做空者有一定的市场力量，但做空者还利用了融券交易杠杆、向买方转移证券的时间差及转让结算失灵的不可归责性。基于这些要素，交易者想要向市场传达的连续、大额抛空特定证券并足以诱导公众投资者决策发生变化的虚假信号才能出现。当发行人通过股份回购稳定证券价格，形成股票价格坚挺的假象并误导公众投资者时，其身份与资金及持股优势具有相同的重要性。新三板做市商的操纵行为，既具有以购买行为拉抬股票价格的价量操纵特征，也须以做市商资质为必要条件。

实际上，这几类操纵行为与我国证券立法列举的操纵行为相比，其共同点在于均是为制造虚假的或至少不完全真实的价格信号，以替代市场中正常证券供给及需求形成的价格。正常证券供需形成的交易价格，是证券市场中最重要的公共信息，但操纵者制造的虚假价格，则以诱导公共投资者做出符合操纵者预期的决策为目的。所以，市场操纵行为隐含的共性是其改变了证券交易中的信息属性，把以市场形成之价格为载体的公共信息，转变为操纵者人为制造的、以虚假价格为载体的私人信号。

三、券商对客户的公平交易保障缺失，做市商享有独占性的价格形成能力

如前述，《证券法》等规范为防范券商、做市商、资管及私募基金投资管理人的利益冲突交易而建立的业务隔离制度较易被突破。这是我国未建立券商等机构投资者对客户的公平交易保障制度的结果。尽管交易单元分立及业务隔离制度尤其是信息隔离墙的建立是必须的，也是国际通例，但不能基于隔离措施不会被穿透的假设，就不建立业务隔离之外的券商、资管及私募基金投资管理人对客户的公平交易保障机制，或不给予客户对这些机构投资者违反业务隔离规范、不公平地或欺诈性地与客户交易及侵害客户利益时的民事诉权。

实际上，股市波动中中信等券商、险资资管及私募基金等的老鼠仓和内幕交易，均已说明信息防火墙可能形同虚设。因而，证券交易中客户公平交易保障制度及相应的客户民事诉权的缺失，亦为券商等机构投资者利用其"知情人"身份，肆无忌惮地利用客户非公开信息的交易提供了条件。

新三板做市商的独占性价格形成能力，也成为其利益冲突行为无法通过竞争性价格挤出市场的原因。依据 2013 年《全国中小企业股份转让系统业务规则（试行）》等规定，投资者若选择做市商双向报价，则不能在该业务中自行报价，即不能与做市商形成竞争性报价。同时，投资者对集中竞价业务与做市

商双向报价，只能二者择一，[1]即投资者不能比较并选择这两种价格形成方式中的最优价格。囿于能力及证券发行立法，股转系统内的证券发行人不可能在主板市场和新三板市场内同时上市，因而主板与新三板市场内的证券价格基本不具有可比性。

所以，在新三板做市商市场中，投资者的限制性指令与做市商的双向报价经股转系统匹配后形成的价格为独占性价格，其不受投资者协议价格及新三板或大盘集中竞价的检验。这样一来，主板券商及做市商利用客户私人信息的利益冲突行为，因无法通过其他定价方式产生的竞争性价格而被挤出市场。然而，不论是券商、资管或私募基金投资管理人还是做市商，利用其知情人身份对客户非公开信息的利用，均改变了公开信息交易的性质。

综上，内幕交易责任基础过于狭窄、市场操纵抽象概念及行为判断中信息性质变异认定缺失、券商及其他机构投资者对客户的公平交易保障制度未建立及做市商的独占性价格形成能力，是我国证券立法中，内幕交易、市场操纵、券商、资管及私募基金投资管理人的业务隔离型规制存在漏洞及逻辑冲突的根源。这也是我国证券市场内，可利用发行人重大非公开信息、操纵者人为制造的虚假信息及客户非公开信息进行"知情"交易的主体，与利用公开信息的一般投资者长期共存的根源。然而，这会改变证券市场基本的交易结构，亦会改变公开信息形成证券公正价格这一证券市场交易根基。

---

〔1〕　2013 年《全国中小企业股份转让系统业务规则（试行）》第 3.1.4 条。

第二章
证券市场价格形成机制

第一节　证券市场价格形成方式概述

　　证券市场的价格形成是一个复杂的过程。场内市场价格形成方式包括集中竞价、协商定价及做市商双向报价。在历史进程中，证券市场的集中竞价程序从依据交易所内投资者价格指令簿的喊价、地毯交易商的报价、做市商的双向报价等，演化为有做市商参与的投资者公开限制性指令的集中竞价。在这个复杂的价格形成过程中，投资者在证券经纪商及投资咨询商的辅助下，依据证券市场内所有公开可得信息做出投资决策，而后在主板市场中提交限制性指令，待集中竞价系统自动撮合后形成证券的最终买入价或卖出价；投资者也可在新三板市场中提出买入或卖出证券的询价或报价，待做市商匹配后形成最终成交价。

　　证券市场所有公开可得信息，除了一级市场中发行人首次公开上市发行时披露的信息之外，在二级市场中，还包括发行人阶段性披露的信息、投资者自行或通过经纪商在集中竞价系统内提交的限制性指令、机构投资者的算法交易指令或投资组合指令、交易者协议定价时的协商价格及交易量、新三板做市商对投资者询价和报价的双向报价及大宗交易商在交易所内的交易披露。所以，基于证券市场内所有公开可得信息形成的成交价格，应当被视为可反映发行人及投资者的真实证券供需关系的市场价格。

United States 诉 Libera 案是确定证券交易重大信息具有价格"蓄水池"功能的重要案件。该案确定了重大信息的实质标准和形式标准，即任何能成为证券价格之实质构成要素且须以公共媒介向所有投资者传递的信息均为重大信息。其也被称为对证券价格具有"蓄水池"功能的信息。[1]该案是应用有效市场理论作出这一判断的。有效市场是指价格能反映交易者所有公开可得信息的完全竞争市场，也是交易者能够在新的信息进入市场时作出投资决策的市场。[2]

重大信息对证券价格的蓄水池功能，决定了在证券发行人以正式程序公开向市场交易者公布重大信息之前，发行人内部人或其他可获得或传递重大信息的主体都不能依据重大信息进行交易，否则重大信息就会成为少数对其有优先准入之权利或能力的主体的价格蓄水池。这就改变了证券市场价格形成的基础。申言之，可在证券交易中发挥价格蓄水池功能的信息，应是公开信息，而非仅对特定交易者或其群体起作用的信息，或仅反映特定交易主体私人意图的信息。

同时，尽管证券市场的价格形成是非常复杂的，仅集中竞价程序就经历了复杂的历史演化，投资者公共指令、大宗交易

---

[1]　United States v. Libera, 989 F. 2d 596, 601 (2d Cir. 1993).

[2]　See James S Jordan, Roy Radner, " Rational Expectations in Microeconomic Models: An Overview", *Journnal of Economic Theory*, Vol. 26, No. 2., 1982, pp. 201-223.

商指令及做市商双向报价等均可集中竞价，形成证券价格；但是，证券市场价格形成的基本形式，即利用中心化集中竞价程序对证券买方与卖方经由券商报出的指令进行即时撮合或特定交易期间内的连续撮合，并未发生根本性变化。采用即时撮合的一般是持有公共指令的投资者。大宗交易虽然通常采用楼上交易形式，但交易者或大宗交易商之间的双向报价，也建立在交易者对证券市场真实供需的理解基础上。做市商双向报价一般被视为连续集中竞价之一种，做市商在中心化交易中的功能，类似于交易所自动交易终端在即时集中竞价中的功能。[1]

因而，证券市场价格形成，本质上是以证券真实供需为基础的交易者所有公开可得信息的反映。易言之，价格指令是交易者建立于公开信息基础上的交易意图的反映。率先以公开自由市场为基础，追问证券交易程序中交易主体之责任的伯利等学者也提出，证券交易过程说明交易者的欺诈性或操纵性交易手段及误导性陈述会对证券市场价格产生逆向影响。[2]因为这些交易形式不反映证券真实供需，但会反映部分交易者的虚假交易意图，或是为了诱导其他投资者作出符合虚假交易者之期待的交易决策。虚假交易意图会向市场传递虚假的信息，其经集中竞价系统撮合后，不仅会形成证券的市场价格，而且该价格作为公开信息，还可以成功地将交易者的虚假性或诱导性交易意图暗含其中。因而，虚假的、以诱导其他交易者为目的的

---

[1] See Paul Klemperer, Auction Theory: A Guide to the Literature, *Journal of Economic Surveys*, Vol. 13, No. 3., 1999, p. 229.

[2] See Berle A. A., "Liability for Stock Market Manipulation", *Coumbia Law Review*, Vol. 31, No. 2., 1931, pp. 264-279.

交易，会将公开信息异化为部分交易者人为制造的、不反应证券真实供需的信息，进而改变证券市场价格形成的基础。

综上，证券市场价格形成方式及程序的演进，未改变证券市场须以发行人及投资者真实证券供给和需求作为市场内所有公开可得信息的基础，也未改变投资者须在所有公开可得信息基础上作出交易决策、形成证券公正价格这一基本逻辑。[1]因而，交易者在所有公开可得信息基础上形成证券价格的逻辑，应被视为证券市场价格形成的内生逻辑。实际上，有效市场理论及集中竞价程序已证实公开信息是证券市场公正价格形成的最重要条件。

第二节 证券交易法历史与证券市场价格形成方式

除了以公开信息为基础形成证券市场价格这一理想状态之外，证券的资产属性及可交易性决定了市场内不可避免地存在各种扰乱。投资者依据公开可得信息在证券市场内作出投资决策的交易模式，决定了最为常见及有效的市场扰乱方式是改变公开信息的性质，将其分化为公开信息及符合市场扰乱者利用目的的信息。

从证券市场的交易结构来看，公开信息被分化的路径，首先发生在发行人处，发行人尚未公开的重大信息，可能会被发行人内部人、临时获知该非公开信息的准内部人及外部人利用。

---

[1] See David Easley, Maureen O'Hara, "Market Microstructure", *Handbooks' in OR & MS*, Vol. 9, p. 357; Also see Eugene F. Fama, "Efficient Capital Market: A Review of Theory and Empirical Work", *the Journal of Finance*, Vol. 25, No. 2., 1970, pp. 383 – 417.

其次在市场交易中，操纵者与其说操纵着市场的价量，不如说操纵着投资者可获得的、符合操纵者预期的市场信息。最后，从事经纪、投资咨询、做市业务的证券经纪交易商，既可能由于代理或其他信赖关系知悉投资者信息，又可能成为投资者的交易相对方或竞争者。

因而，禁止内幕交易、市场操纵及证券经纪交易商的利益冲突交易，是为防止发行人重大非公开信息利用者、制造并利用证券交易的虚假信息者、知悉投资者私人信息者，改变证券市场交易者依据市场内所有公开可得信息、作出投资决策、经市场交易机制撮合或匹配后，形成证券市场价格这一根本性的交易结构。这一根本性的交易结构一旦被改变，则有能力利用非公开信息者或有能力制造信息的海市蜃楼者，就有能力在分化市场信息的基础上，侵夺公开信息利用者的利益。

美国 1933 年《证券法》及 1934 年《证券交易法》，赋予了交易者对发行人重大信息的平等准入权。[1] 1933 年《证券法》因颁布了极为严格的发行人公开发行证券的信息披露规则，被称为"证券真实法"。1934 年《证券交易法》秉承信息披露逻辑，要求重大信息持有者即发行人履行阶段性披露义务，并保障证券买方及卖方在真实、准确及完整信息的基础上，自主作出交易决策。

在交易者对发行人重大信息的平等进入方面，1980 年 Chiarella 案是内幕交易案的分水岭。该案之前，发行人内部人利

---

〔1〕 H. R. Rep. No. 85, 73d Cong., 1st Sess. 5 (1933), p. 9, "任何主体出售证券时有重大遗漏的，须承担责任……这些主体对公众承担了更重的道德责任，也应承担更重的法律责任"; See Joel Seligman, "The Historical Need for a Mandatory Corporate Disclosure System", *Journal of Corporation Law*, Vol. 9, No. 1., 1983, pp. 73-100.

用重大非公开信息牟利的，须先依据 1977 年《侵权法重述（第二版）》认定发行人内部人如大股东或董事与公共投资者之间的信赖关系，而后才能认定内部人对公共投资者的责任。[1] 然而，法庭在 Chiarella 案中适用了 1934 年《证券交易法》Sec. 10 的反欺诈规则，突破了发行人内部人与公共投资者须存在代理或信赖等特殊关系的界限。此后，在 1983 年 Dirks 案、1997 年 O'Hagan 案、2009 年 Dorozhko 案及 2015 年 Newman 案等案件中，被法庭认定为违法利用内幕信息的主体，也从与发行人有信义义务关联的董事或高管等内部人，延伸到了侵害投资者信息平等进入权的内幕信息传递者或滥用者。被视为重塑了美国证券市场微观结构的 1963 年《证券交易委员会关于证券市场特殊研究的报告》亦明确 "公平的证券市场是没有利用不合理交易优势的市场，亦是交易者在信息准入方面不存在差异性或歧视性标准的市场。"[2]

这是因为证券立法所规范的并不是相互之间具有证券法之外的代理、侵权或信义义务等关联的主体之间的关系，而是邀约公众向其投资的发行人与投资者之间的关系。所以，1934 年《证券交易法》序言中明示该法之目的是为 "防止证券交易中的不平等和不公平行为"。立法机构正是认识到少数人的信息优势对交易平等和投资者信心的损害，才在该法的立法目的中写入 "让交易者对发行人的信息，均享有平等的进入权"[3]。信息

---

〔1〕 Chiarella v. United States, 445 U. S. 222, 233, 235（1980）; Restatement（second）of Torts § 551（2）（a）（AM. LAW. INST. 1977）.

〔2〕 Report of Special Study of Securities Markets of the Securities and Exchange Commission, 88th Congress, 1st Session, House Document No. 95, 1963, Pt. 2, p. 14.

〔3〕 SEC, Selective Disclosure and Insider Trading, Sec. 2（B）65 Fed. 17 CFR Ports 240, 243 and 249. Available at https://www. sec. gov/rules/forals/33-788l. htm.

平等进入权亦被司法机关视为是一条界线分明的线，可以保证与证券市场公平交易相关的所有规则都建立在"非私人性"的关系中。[1]

同时，保证证券市场仅依真实供给和需求形成证券价格，是1934年《证券交易法》对交易者集合资金优势或利用有自由裁量权账户制造虚假牛市、虚构可达蓝天的市值的行为进行规范的反市场操纵规则的根本目的。[2]这是因为1907年危机被认为是美国证券市场公共控制加强的起因，1908年Hughes委员会调查1907年危机成因时，将矛头指向了仅为了从证券市场价格变化中获利且具有赌博性质的投机行为，认为投机行为会产生误导性信息并扭曲证券市场价格。[3]1912年PUJO委员会调查了资金池操纵行为，发现产业家或金融活动家，以远超过企业资本实力或融资能力的资金优势，在市场上行或下行时，推动证券价格同方向运动或逼仓，对证券价格大起大落推波助澜、制造交易活跃之假象，误导投资者。[4]1929年危机被认为是不受控制的做空投机的结果。[5]1930年，《证券交易法》立法委员会还发现，操纵者可通过不真正改变证券所有权的买卖、结

〔1〕 e.g., Blue Chip Stamps v. Manor Drug Stores, 401 U.S.723, 法庭基于管理他人钱财者不能滥用信息优势的法理, 认为 1934 年《证券交易法》Sec.10 类似于信义义务这棵巨大橡树上结出的橡籽, 公平交易须建立在对重大信息的平等准入的基础上。Shapiro v. Merrill Lynch, Pierce, Fenner & Smith, Inc., 495 F.2d 228, 236 (2d Cir.1974), 法庭主张投资者对证券市场的公平交易预期……以非私人性交易……为保障。

〔2〕 The Securities Exchange Act of 1934, Sec.2.

〔3〕 Cong. Rec. 1347, 1349 (1908).

〔4〕 H.R.Rep. No.1593, 62d Cong., 3d Sess. (1913), p.46.

〔5〕 See John T. Flynn, *Securities Speculation: Its Economic Effects*, 1934, p.216; Also See John Brooks, *Once in Golconda: A True Drama of Wall Street* 1920-1938, Wiley, 1969, p.96.

成联盟或真实证券购买及销售，进行洗售、对敲或以真实交易诱导其他投资者按其意愿做出反应。[1]为遏制投机、禁止操纵，上述被调查的行为均在 1933 年《证券交易规则》听证中被视为市场操纵行为，并于次年成为《证券交易法》的重要组成部分，当时保证金交易也被视为过激投机之一种。[2]

1934 年《证券交易法》立法背景说明该法规制市场操纵行为的根源，在于这些不改变证券所有权的虚假交易行为、仅为形成积极交易之假象而抬高或降低证券价格的行为及保证金交易等类似于赌博的投机行为均可异化证券市场的公开信息。即把交易者本来可以在证券市场内获得的发行人重大信息、证券交易价格、交易量及交易者报价等公开信息，异化为符合操纵者期待并可诱导其他交易者据此进行交易的虚假信息，其结果是证券市场价格偏离市场内真实证券供需关系所形成的价格。

作为证券经纪交易商利益冲突交易规制分水岭的 1961 年 Cady 案，面对券商和做市商在证券经纪、投资咨询、自营及做市业务中，同时为自身利益及客户最优利益之代理人的双重身份时，不仅要求其建立业务和信息隔离措施，还要求其作为客户代理人履行更高的忠诚义务和注意义务，而且要求其作为客户交易相对方履行公平交易义务。[3]美国 1940 年《投资顾问法》亦对险资资管及私募基金投资管理人等作了相似规定。[4]这些义务均是为防止券商等主体利用客户非公开信息进行知情

----

〔1〕　See Philip A. Loomis, "Securities Exchange Act of 1934 and the Investment Advisers Act of 1940", *George Washington Law Review*, Vol. 28, No. 1., 1959, p. 214, p. 241.

〔2〕　Bill H. R. 7852., Securities Exchange Regulation.

〔3〕　Cady, Roberts & Co., 40 S. E. C. 907, 910-915 (1961).

〔4〕　Investment Advisers Act of, 1940, Sec. 202 (11), Sec. 204A.

交易，并改变所有交易者均须在市场内公开可得信息基础上，自主作出交易决策的证券市场基本交易结构。

综上，内幕交易、市场操纵及券商等主体的利益冲突交易规制的立法背景及目的，说明证券立法是为了维护证券公正价格形成这一根本性的交易结构而规范证券交易的。这体现为内幕交易规制在重大信息平等准入权的基础上，禁止发行人重大非公开信息在正式公开前被利用；也体现为市场操纵规制为保障仅以证券真实供需作为价格形成基础，禁止交易者制造或传播虚假的、具有欺诈性或误导性的信息；还体现为对券商等知情交易者的利益冲突交易的禁止。

第三节　我国证券市场价格形成机制的问题

如前述，我国起源于内幕交易责任基础狭窄、市场操纵行为认定逻辑中信息性质认定缺失、券商等机构的公平交易保障机制缺失及新三板做市商享有独占性价格形成能力的证券立法漏洞，导致内幕交易者、市场操纵者及券商等利益冲突交易者可在证券市场的公开信息之外利用发行人或客户的非公开信息，或将交易中的公开信息异化为符合操纵者意愿并让客户作出反应的信息，其可被统称为私人信息。因而，我国证券立法在内幕交易、市场操纵、券商、资管或私募基金投资管理人利益冲突规制方面的漏洞，让市场交易者有能力利用非公开信息或异化公开信息而获利。易言之，我国证券立法的漏洞，默许了市场内公开信息与私人信息的分化及长期共存。

然而，如前述，交易者自主地对市场公开信息作出反应是正常的证券供给和需求，形成了证券公正价格的核心内容。易言之，投资者对证券市场的公平价格及公开交易的信赖，即建立在所有投资者均须在公开信息基础上进行证券交易之上。所以，我国证券立法漏洞在默许公开信息交易与私人信息交易长期共存的同时，也让我国投资者对证券市场公正价格形成这一根本性的证券市场交易结构的信赖失去了基础。

　　实际上，非公开信息或虚假信息不但可以让其利用者获得不公平交易优势，而且可以让其获得实质上的为证券定价的主动权。这样一来，那些仅依赖公开信息的交易主体就会成为"消息市"和"庄家市"之内证券价格的被动接受者。但公开信息与私人信息之分化并非我国证券市场所独有，而是各国证券交易立法均须面对的重大问题。

第三章
证券市场公正价格形成的路径

　　如前述，在证券市场复杂的价格形成过程中，证券公正价格是投资者依据公开信息进行交易的结果，然而内幕交易、市场操纵及证券经纪商的利益冲突交易则将市场内的信息分化为公开信息与私人信息，改变了证券市场价格形成的基础。对比而言，美国、欧盟及英国以保障证券交易者对发行人重大信息的平等进入权为目的的内幕交易规则，确立了知悉发行人重大非公开信息的内部人或外部人的披露义务、戒绝交易义务及违反此类义务的欺诈性行为责任，以保障正常证券供需形成证券公正价格为目的的市场操纵规则；厘定了交易者的洗售、对敲、资金池交易、市场型欺诈、幌骗型高频交易、滥用性裸做空及跨期现市场操纵的故意欺诈或过失性行为的责任，以保障券商、做市商、资管及私募基金投资管理人的信义义务及公平交易义务为目的的证券经纪交易商等规则；确立了这几类主体不披露利益冲突、为利益冲突交易、违背公平交易义务及不履行最优执行客户指令义务的证券欺诈行为责任。

第一节 重大非公开信息滥用之禁止

一、古典理论阶段

美国 1934 年《证券交易法》的内幕交易责任，在经历了信息平等进入与内部人或外部人的信义义务两个标准的反复权衡后逐渐被厘清。Cady 案是古典理论的典型案例。Cady 是发行人董事及证券经纪公司雇员，他把发行人要削减季度股利的信息提供给证券公司，后者在该信息公开前 45 分钟内出清了证券。该案中，法庭确定了内部人的两层含义：第一，内部人是出于公司经营等目的对发行人重大非公开信息有准入权或处于此类关系中的主体；第二，其明知投资者对此类信息无准入权，仍利用信息优势牟利。[1]

该案对内部人的界定奠定了古典理论中内幕交易人责任的基础，发行人董事、高管或雇员即内部人，是基于其与发行人的特殊关系才顺理成章或符合商业逻辑地从发行人处获得重大非公开信息即内幕信息的；其对内幕信息的利用妨碍了证券交易的公平。所以，该案判定内部人对内幕信息的利用应受严格限制。[2]

Texas Gulf Sulphur 案确定了交易者对发行人信息的平等进入权。该案中，内部人把发行人交割黄铜的消息透露给外部人，但仅为对老友的馈赠，并未牟利。法庭判定内部人泄露内部信息的行为违法，且未以内部人是否获利作为其行为违法性的要

---

[1] Cady, Roberts & Co., 40 S. E. C. 907, 910-915 (1961).

[2] Cady, Roberts & Co., 40 S. E. C. 907, 910-915 (1961).

件，因而被视为是确定了交易者对发行人信息的"平等进入权利"的典型案例。[1]在其后一些案件中，美国证券交易委员会（SEC，以下简称证交会）在起诉内部人未获利的信息泄露行为时，均主张交易者对发行人重大信息的平等权利，禁止内部人以选择性披露产生信息不公平的结果。[2]按照这一逻辑，律师、会计或顾问等基于正常商业交往可知悉发行人内幕信息的主体，也被视为发行人临时内部人。[3]信息平等进入权迄今仍规定在1934 年《证券交易法》的 Rule 14e-3 中。

因而，古典理论中内部人或临时内部人对发行人及其股东或投资者承担内幕交易责任的基础，在于内部人与发行人及其股东或投资者之间的信赖关系或代理关系。适用古典理论的案例，一般须先依据《侵权法重述》或《代理法重述（第二版）》认定内部人滥用内幕信息、未披露或选择性披露内幕信息利用行为对信义义务的违反，而后才能判定内部人的内幕交易责任。[4]

二、信息泄露人–受领人理论阶段

Investors Management 案是发行人债券承销商将发行人利润下降的信息透露给投资顾问，后者在该信息公开前出清证券的案例。该案提出了两个问题：第一，发行人外部人基于合法或合理途径或理由持有内幕信息的，持有行为本身是否违法；第

---

〔1〕 SEC v. Texas Gulf Sulphur Co., 401 F. 2d 833, 848 (2d Cir. 1968).

〔2〕 SEC v. Stevens, Litigation Release No. 12, 813, 48 S. E. C. Docket 739, 1991 WL 296537, (Mar. 19, 1991), p. 1.

〔3〕 SEC v. Texas Gulf Sulphur Co., 401 F. 2d 833, 848 (2d Cir. 1968).

〔4〕 Restatement of Torts § § 550-551 (1938); Restatement (Second) of the Law of Agency § § 381, 389-394 (1958).

二, 受领人对信息泄露人泄露了负有保密义务的信息的 "明知", 是否为信息受领人戒绝交易义务的必要条件。适用信息泄露人-受领人理论的案件, 基本是在解决这两个问题。[1]

Dirks 案正式确立了信息受领人的衍生性信义义务。Dirks 是保险公司分析师, 他把美国股权基金公司前高管透露的公司有欺诈行为的信息透露给超过 5 位投资顾问, 后者在丑闻曝光前部分出清了该公司证券, 但 Dirks 未从中获利。该案判决正式确立了基于合法或合理的商业交往或其他途径, 持有发行人内幕信息的信息受领人在明知信息泄露人即内部人违反信义义务时, 须基于其 "明知" 的主观状态对发行人及其股东或投资者承担戒绝交易的信义义务。信息受领人的这一义务被视为内部人信义义务的衍生义务。该案还将内部人收益扩展为名誉或商业机会的获得或交往意图的达成。[2]

但在 2015 年 Newman 案中, 信息受领人义务又变得非常不确定。Newman 及 Chiasson 分别是 Diamondback 及 Level Global 两家资管公司的经理, 二人利用 Dell 公司的内幕信息进行交易。Ray 是 Newman 在 Dell 公司的内线, Ray 通过 Berman 机构研究员及 Diamondback 公司分析员将 Dell 公司的内部信息传递给 Newman, 而后再传递给 Chiasson。

美国证交会引用 Dirks 案, 以信息受领人对衍生性信义义务的违反起诉二人。但二人辩称 Dirks 案无适用性, 因为没有证据表明他们对信息传递人传递的是 Dell 公司的内幕信息或对信息泄露人的获利知情。地区法庭和上诉法庭分别支持了证交会及被告的主张。地区法庭的理由是 Dirks 案未要求信息受领人知悉

---

〔1〕 Investors Management. Co. , 44 S. E. C. 633 (1971), 1971 WL 120505, p. 2-3.

〔2〕 Dirks v. SEC, 463 U. S. at 654 (1983).

信息泄露人有收益。上诉法庭则认为 Dirks 案已明确了信息受领人对泄露人违反信义义务及获利意图的明知,是其衍生性信义义务的基础。[1]

实际上,仔细对比 Newman 案与 Dirks 案会发现地区法庭与上诉法庭在 Newman 案上的分歧,是信息泄露人–受领人案中受领人与发行人并不必然存在信义义务关联的结果。Newman 案中,Newman 和 Chiasson 分别是 Dell 公司内幕信息的第三层传递人及最终利用人,二人与 Dell 公司内部人之间无任何基础性关联,甚至二人信息传递人身份的确认都依赖前一层信息传递人。内部人违法收益即成为证明信义义务存在的必要条件。但是,上诉法庭的判决,也给多重信息传递人的内幕交易责任认定设置了障碍,并激发了内幕信息传递关系的复杂化。

综上,信息泄露人–受领人理论确定的受领人衍生性信义义务的不稳定性实际上是该理论承继的古典理论的信义义务要求在信息受领人与发行人或其内部人的关系中无法被贯彻的结果。如在 Platt 案中,一位教练站在一条小径上,碰巧听见某高管向其妻子透露公司内幕信息,刚好该教练也购买了该公司的股票并获利。法庭判定该教练不需为其可能存在的内幕交易行为而承担责任或自证清白,并将其认定为无辜者。判决基础为无法证明该高管偶然性地将内幕信息"透露"给该教练时,获得了直接收益或其他好处。[2]该案也说明了信息受领人衍生性信义义务的局限性及不稳定性。

---

〔1〕 Dirks v. SEC, 463 U. S. at 654 (1983).

〔2〕 Fed. Sec. L. Rep. (CCH) 99, 497 (W. D. Okla. 1983).

三、滥用理论阶段

United States 诉 O'Hara 案是发行人的投资银行将发行人内幕信息传递给对冲基金，后者在此信息公开前买卖发行人证券的案例。法庭判定，合法成为发行人内幕信息知情人的投行须对信息源即发行人负保密义务，但内幕信息的受领人即对冲基金，不论是否曾与投行约定对重大信息保密或戒绝交易，其与发行人之间均无任何关联，更不存在信义义务关系。

因而，如何确定与发行人无信义义务关联的对冲基金即该案内幕信息受领人的责任，实际上是一个古典理论及信息泄露人-受领人理论均无法回答的问题。直到 1997 年 United States 诉 O'Hagan 案，该问题才通过滥用理论得以解决。该案是收购人 Grand Metropolitan 公司所聘用的律师事务所的非收购案律师在知悉收购案信息后，即于该信息公开前买卖被收购公司股票及看涨期权的案例。[1]

法庭在 O'Hagan 案中适用了滥用理论。该理论由 Barbara Bader Aldave 正式提出，指当行为人基于证券交易目的获得发行人内幕信息时，即可认定行为人对信息源有保密的信义义务。Aldave 认为，该理论为外部人的内幕交易责任提供了有说服力的解释，因为与发行人或其股东处于信赖关系且获得了内幕信息的外部人，须依据其对信息源即发行人或其股东的信义义务，承担戒绝交易发行人证券的义务。[2]

---

〔1〕　United States v. O'Hagan, 521 U. S. 642, 647 (1997).

〔2〕　See Barbara Bader Aldave, "Misappropriation: A General Theory of Liability for Trading on Nonpublic Information", *Hofstra Law Review*, Vol. 13, No. 1., 1984, pp. 101-102; O'Hagan, 521 U. S. p. 653.

同时，滥用理论未局限于外部人对信息源的信义义务。在适用于家庭成员或其他有分享秘密之传统的主体时，该理论突破了信义义务。Chestman 案是发行人内幕信息经发行人内部人及其多位亲属传递给信息出卖人的妻子，并被信息出卖人出售给券商的案例。地区法庭判定买入信息的券商及传递信息的相关主体均须承担内幕交易责任。上诉法庭则作出相反主张，理由是 1934 年《证券交易法》及相关规则未将家庭关系视为可产生信义义务的关系。

地区法庭和上诉法庭判决结果的差异提出了两个问题：第一，可否抛开信义义务，直接认定信息传递者及最终利用者的责任；第二，如果可直接认定，能否宽泛倒推为不论何种主体，只要持有发行人内幕信息，就应被认定为内幕交易人。这两个问题反复出现并引起很大争议。如在 Teicher 案中，第二巡回法庭判定，明知所持信息为发行人内幕信息的主体须承担内幕交易责任。第七巡回法庭在 Alder 案中则作出相反判决，主张仅持有内幕信息并不足以构成内幕交易。第九巡回法庭在 Smith 案中亦同。[1]

作为对这两个问题的回应，1934 年《证券交易法》Rule 10b5-2 规定，重大非公开信息的信息源，应包括发行人内部人的配偶、父母、子女或兄弟姐妹及与信息提供者即发行人内部人在历史上、习惯上或经验上有分享信息之传统的信息接受者。信息提供者对信息接受者如其家庭成员或历史上、习惯上或经验上有分享信息之传统的主体，应知悉内幕信息的性质，默示让其处于保密状态且不会利用或泄露此类信息，可持有合理信

---

[1] 17 CFR. § 243. 100 (2015).

赖。但很显然，这一信赖的基础已超出了信义义务。

四、不实陈述理论阶段

Dorozhko 案是黑客盗取发行人公司电脑密码，获取内幕信息并交易的案例。SEC 主张黑客盗取内幕信息的行为，是对发行人及其股东或其他交易者的不实陈述，应承担内幕交易责任。地区法庭对此表示反对，理由是依据 1934 年《证券交易法》Sec. 10（b）要判定被告有罪，除不实陈述外，还须证明黑客违反了对发行人或其他交易者的信义义务。然而，黑客与信息源即发行人或发行人股东或其他投资者之间既无信赖关系，也无其他产生信义义务的土壤。上诉法庭即第二巡回法庭在该案中提出了不实陈述理论，认定黑客盗取内幕信息的行为有罪。因而，该案也突破了古典理论、信息泄露人-受领人理论及滥用理论对信义义务的要求，而以被告的不实陈述认定其内幕交易责任。[1]

实际上，欧盟 2003 年《市场滥用指令》及英国 2000 年《金融服务与市场法》均采用了曾被美国高等法庭反对，但迄今仍规定于 1934 年《证券交易法》中的信息平等进入原则。欧盟《市场滥用指令》Sec. 6 禁止内幕信息持有者进行与内幕信息有关的证券交易，也禁止其在内幕信息正式公开前或信息披露义务履行前将内幕信息透露给第三方，或建议、引导其他主体在内幕信息基础上进行交易。英国《金融服务与市场法》Sec. 118（2）作了相似规定。[2]

综上，尽管一般认为内幕交易责任认定，存在信义义务与

---

〔1〕　SEC v. Dorozhko, 574 F. 3d 42, 49（2d Cir. 2009）.

〔2〕　The Market Abuse Directive（MAD）, Sec. 6；The Financial Services and Markets Act 2000（FSMA）, Sec. 118（2）.

信息平等进入之争，但严格来讲，两者不处于同一层面。信息平等进入是内幕交易规则恪守的符合证券法目的的唯一根本性原则。信义义务是内幕交易案中最重要的归责方式，其重要性是内部人或外部人与信息源的基础关系的性质决定的。如内部人对发行人及其股东本就负有忠诚注意义务，外部人基于知悉内部人对信义义务的违反，才承担衍生性信义义务，所以，信义义务成为古典理论及信息泄露人-受领人理论的基础。然而，到了滥用理论及不实陈述理论阶段，合法获得内幕信息者、与内部人有家庭关系或其他密切关系者、因违法行为获得内幕信息者，则不一定与信息源存在信义义务关系。

因而，1934 年《证券交易法》、SEC 规则及判例在规定和确认内幕交易责任时，即放弃了对行为人与信息源之间的信义义务关系的要求，而转向更为基础的、对所有交易者均适用的信息平等进入原则。易言之，在无法依据行为人与信息源之间的信赖或代理关系来认定行为人对信息平等进入原则的违反时，SEC 规则或判例等创设了新的可连接行为人与信息源的基础关系的规则，并将其作为判断行为人利用内幕信息的行为是否正当的基础。因而，内幕交易立法的实践说明，防止部分行为人获得利用内幕信息之优势、保障交易者对发行人重大信息的平等进入权是证券立法的核心。易言之，证券立法的核心在于对市场内公开信息交易的维护。

第二节　操纵者异化公开信息行为之禁止

从普通法阶段到联邦法阶段，对证券交易者的欺诈性操纵责任或市场型欺诈性操纵责任的认定，以禁止操纵行为形成操

纵者希望向其他交易者传递的虚假的证券价格、交易量或其他
交易信息为目的。市场操纵行为认定在经历过漫长的演变过程
后，欺诈性亦成为市场操纵行为之违法性及可追责性的基础。

一、洗售、对敲的普通法责任

洗售是普通法阶段交易者常用的操纵方式，是指操纵者的
证券所有权不发生变化的交易。1888 年 McGlynn v. Seymour 案是
典型的洗售案。纽约州普通法法庭将洗售认定为证券买方以真
实交易作出的、不反映其对证券价值之真实判断的价格确认活
动。由于不反映买方的真实判断，因而其他交易者不能主张其
对证券价格的信赖利益。[1] 所以，该案未认定洗售行为的操纵
性。这一判决背后隐藏着人们对真实交易不被视为欺诈的历史
性认识。

直到 1909 年纽约州《马丁法案》（Martin Act）将交易者假
装买卖证券、或与其他交易者交易但不真实转移证券所有权的
行为视为虚假交易并予以明文禁止后，洗售交易的违法性才被
确认。该法案还禁止了逼仓行为，即交易者出于操纵交易或为
证券定价之目的而购买证券，控制证券供应并让其他交易者接
受证券高价的行为。[2]

《马丁法案》将操纵行为视为欺诈。对洗售、对敲和资金池
操纵的违法性均进行讨论并成为联邦法基础的首个案例是 United
States v. Brown 案。该案被告集中资金优势，通过 30 多个账户，
对曼哈顿电力供应公司的上市证券进行洗售交易，以拉抬证券

---

〔1〕　McGlynn v. Seymour, 14 Daly 420（N. Y. 1888）.

〔2〕　Martin Act（United States Mail Fraud Act）1535 STAT.（1909）1130, 18 U.
S. C.（1934）Sec. 338.

价格。多名被告还按约定价量进行对敲交易，以维持操纵性价格。[1] Harris v. United States 案是 MESCI 公司董事在 52 个券商处开设多个账户，以保证金和期权交易该公司股票，推高股价并散布虚假获利信息的案件。该案董事因"不考虑股票真实价格，形成虚假价格……控制价格"而被起诉。该案判决正式确定了洗售交易的欺诈性。因为交易者在此交易中向各方传递了其将按公开成交价格买卖证券的意图，因此，交易者不实际转让证券所有权的行为具有欺诈性。[2]

二、欺诈、高频交易、滥用性裸做空的法律责任

《马丁法案》及之后的判例仅是规制洗售、对敲、逼仓等滥用资金优势行为的普通法阶段。1934 年《证券交易法》也禁止交易者集中资金优势的资金池操纵行为。资金池操纵是以制造证券价格高涨之虚假信号，吸引外部交易者加入为目的的行为。其操纵机制包括通过券商或其他金融服务人员散布有关上市公司营利之虚假信息或错误信息的行为，也包括通过交易者的洗售、对敲或其他证券买卖竞赛，让证券价格或其他信息发生变化的行为。[3]

所以，1934 年《证券交易法》Sec. 9 规定洗售、对敲或其他仅以制造证券交易活跃之假象为目的的证券买卖行为，是误导性行为或违法行为；还规定交易者散布其明知为误导性或虚假性信息的行为，或在交易时散布证券价格涨跌的信息或作出

---

〔1〕　United States v. Brown, 5 F. Supp. 81, 85 (S. D. N. Y. 1933).

〔2〕　Harris v. United States, 48 F. 2d 771 (C. C. A. 9th, 1931).

〔3〕　See Market Manipulation and the Securities Exchange Act, *The Yale Low Journal*, Vol. 46, No. 4. , 1937, pp. 624-647.

此种陈述的行为，是误导性行为或虚假陈述行为。该法 Sec. 10 进而规定交易者重大不实陈述或省略、券商在证券注册时的不实陈述、未披露发行人或交易者控制关系或利益关系的行为，为欺诈性行为。

1934 年《证券交易法》的这两条规定在认定市场操纵行为责任时，对操纵行为的欺诈性要素的确认，在 Ernst & Ernst 案中被认定为操纵者控制或影响证券价格及故意或恶意欺诈交易者的行为；[1]在 Santa Fe 案中，被确定为操纵视为欺诈原则或欺诈性操纵原则。[2]Alabama Farm Bureau Mutual Casualty Co. 案还将操纵者范畴扩展到回购公司股票而未披露的高管，其行为被视为故意省略或不实陈述。[3]

同时，1934 年《证券交易法》对操纵性行为的欺诈性要素的认定，在 20 世纪 80 年代的判例中，从操纵视为欺诈原则发展为市场型欺诈原则或利用市场地位的欺诈性操纵原则。1981 年 Shores v. Sklar 案是被告发行其明知不具有可交易性的证券而被法庭判定为进行误导性陈述及欺诈的案例。该案法庭允许原告基于被告的市场地位，主张其对被告发行证券时的陈述或说明的真实性持有合理信赖，但该信赖不产生于原告与被告的一对一关系，而是以被告在公开市场中的发行人及交易人地位为基础。因而，该案建立的被告欺诈性行为的认定原则，被称为"市场形成的欺诈"原则。[4]

---

〔1〕　Ernst & Ernst v. Hochfelder, 425 U. S. 185（1976）.

〔2〕　Santa Fe v. Green, 430 U. S. 462（1977）.

〔3〕　Alabama Farm Bureau Mutual Casualty Co. v. American Fidelity Life Insurance Co. 606 F. 2d 602（5th Cir. 1979），Cert. denied, 449 U. S. 820（1980）.

〔4〕　Shores v. Sklar, 647 F. 2d 462, 469（5th Cir. 1981）.

1986 年 Basic Inc. v. Levinson 案确定了市场型欺诈原则。该案中，法庭基于证券交易的所有公开可得信息均反映于证券市场价格中，确认了交易者对公开不实陈述或欺诈性行为或事实所传递的信息可持有合理信赖，且可依据 1934 年《证券交易法》Sec. 10 向作出误导性陈述或欺诈性行为的主体追责的原则。[1] 1986 年 Peil v. Speiser 案是适用市场欺诈原则的典型案例，该案认定证券价格是发行人机构及商业行为等所有重大信息的反映，因而交易者可对发行人证券价格反映的证券真实供需持有信赖利益。[2]

同时，这几个适用市场型欺诈原则的典型案例均适用 1934 年《证券交易法》Sec. 10 或 Rule 10b-5。这是因为市场型欺诈的操纵行为类型，未列举在 Sec. 9 规定的洗售、对敲、其他证券买卖或散布虚假信息的行为中。但 Sec. 10 依据 Sec. 9 的目的性用语即"维持证券真实供需所形成之市场价格的统一性"，抽象概括出了以"欺诈"为内核的市场操纵行为责任，具体包括不实陈述、重大省略、基于交易者公开市场地位的欺诈性操纵行为责任或其他操纵性行为责任。

所以，市场型欺诈原则的确立及 1934 年《证券交易法》Sec. 10 对市场操纵行为责任的抽象概括，均说明以欺诈性为认定基础的市场操纵责任的覆盖范围是非常宽泛的。实际上，以欺诈性为内核的市场操纵责任，可延伸到要约收购、高频交易及滥用性裸做空的责任认定中。1984 年 Schreiber v. Burlington Northern, Inc. 案是法庭认定被收购公司，以防御恶意要约收购为

---

〔1〕 Basic Inc. v. Levinson, 485 U. S. 224, 232 (1988).

〔2〕 Peil v. Speiser, 806 F. 2d 1154, 1160-61 (3d Cir. 1986).

目的、回购本公司股票且完全披露的行为为合法行为的案例。[1]
该案诠释了市场操纵行为责任认定的关键在于行为之欺诈性，
其也被笼统地称为交易者的不实陈述。所以，尽管证券回购也
会改变证券的正常供需，但发行人的披露免除了其行为的欺诈
性及操纵性。

1977 年 Santa Fe Industries，Inc. v. Green 案确认了幌骗型高
频交易者的市场操纵行为的责任。联邦检察院将高频交易者的
幌骗行为认定为欺诈性交易策略，认为其制造了与交易各方相关，
可被交易各方观察到的错误的交易表象，目的是诱导投资者对高
频交易者释放的市场信息作出反应。[2]通常在幌骗型高频交易
中，提交报价的高频交易者会立即取消报价，在此过程中，高
频交易惊人的交易速度，即可创造一个让一般交易者上钩并扰
动证券价格涨落的契机。其也被称为"瞬间点火的交易策略"。
因而，SEC 解释性指南与商品交易委员会均认定，高频交易者
发出和撤销报价的目的是让证券登记结算机构的报价系统指令
过载或拥堵、迟延其他交易者报价进入系统终端，让交易者对
证券成交价格产生错误的认识或预期，进而推动证券价格的不
真实涨落。

这也说明，幌骗行为与洗售较为相似，二者均制造了虚假
的市场流动性，两种行为的实施者，均不须按报价转移证券所
有权。市场中证券价格的最高点及最低点，也就均被操纵者掌
握了。叠单（Layering）与幌骗在策略上较为相似，只是叠单的
操纵策略是通过一系列较高或较低的报价及相反交易完成的，

---

[1]　The Securities Exchange Act of 1934, Sec. 14 (e).

[2]　Santa Fe Industries, Inc. v. Green, 430 U. S. 462 (1977).

其一般是高速试探、诱导投资者作出反应及逼仓三类行为的综合，欺诈性也更为明显。[1]

Olympia Brewing 案试图确定裸做空行为的操纵性。所谓裸做空，是指做空者名义上获得证券买卖所需资产或名义上融券后，在交易日末做空证券的行为。该案未认定裸做空行为的操纵性，理由是此类行为中未混入人为制造的虚假信息。空头轧价被视为洞悉证券价格被高估者的正常交易行为。[2]

但该案并不影响 SEC 对滥用性裸做空的调查和认定。裸做空者通常不会在证券卖出之前融券或作出融券安排，相反倾向于在证券结算时违约。故意或恶意的结算失灵，有可能导致证券供给和需求的严重不平衡，甚至导致严重的市场扰乱。所以 SEC Rule 10b-21 将裸做空者故意或恶意的结算失灵及其他方式引起的证券所有权转让的失败视为滥用性裸做空。滥用性裸做空是市场操纵行为的一种。在裸做空交易中，若交易者完全披露其要做空的证券总量、三日内不予转让且对转让失败承担高额罚款，则结算失灵及扰乱市场的可能性均会降低，此种裸做空也就不被视为市场操纵。[3]

同时，1934 年《证券交易法》及 SEC 规则均以欺诈的故意作为市场操纵行为归责的基础。1934 年《证券交易法》Sec. 10 (b) 作为市场操纵行为之欺诈性及可归责性的抽象概括条款，明确禁止故意欺诈投资者的误导性行为、错误行为或人为操纵

---

〔1〕 The Antidisruptive Practices Authority, 78 Fed. Reg. 31, 890, 31, 895 (May 28, 2013).

〔2〕 In re Olympia Brewing Co. Securities Litigation, 613 F. Supp. 1286, 1292, 1294, (N. D. Ill. 1985).

〔3〕 SEC Rule 10b-21.

证券价格的行为。[1] SEC Rule 10b-5 在市场操纵行为的可归责性判断上，与 1934 年《证券交易法》Sec. 10（b）是一致的。在 1976 年 Ernst & Ernst v. Hochfelder 案中，法庭重申了 Rule 10b-5 认定的操纵性的实质为"信息性"，即操纵行为改变证券交易的公开可得信息并让其符合操纵者预期和利益的能力。[2] 直到涉及跨期现市场操纵行为认定时，由于期货市场操纵行为认定要比证券市场严格，所以才将过失性行为也纳入证券期货操纵行为规则中，如 CFTC（美国商品期货交易委员会）《规则 180.2》及 2009 年《多德-弗兰克华尔街改革与消费者保护法案》（以下简称《多德-弗兰克法案》）第 753 条。

综上，《马丁法案》及 1934 年《证券交易法》是以欺诈性为虚假信息操纵、洗售、对敲及市场型欺诈性操纵行为的责任认定基础的。五花八门、不断演化的市场操纵行为的共性，在于操纵者可通过操纵行为，改变证券真实供需所形成之市场公开信息及公正价格，将其转变为操纵者意欲向交易者传递的虚假信息及以此为基础的操纵性价格。回购型操纵、幌骗型或叠单型高频交易及滥用性裸做空均符合这一共性。因而，1934 年《证券交易法》Sec. 10（b）及 SEC Rule 10b-5 的反欺诈规则，以禁止故意改变公开信息之行为为目的，也以禁止虚假信息对公开信息之替代或混淆为目的。所以说，市场操纵行为的责任机制，也是证券市场公正价格形成之公开信息基础的制度保障。

---

〔1〕　The Securities Exchange Act of 1934, Sec. 10（b）.

〔2〕　Ernst & Ernst v. Hochfelder, 425 U. S. 185（1976）.

第三节 客户非公开信息滥用之禁止

一、信义义务理论与展板理论

证券经纪交易商在经纪、咨询、自营或做市等业务中，可在知悉客户信息的基础上，作为客户的交易对手方或竞争者进行自利交易。这一利益冲突行为改变了证券市场的公开信息基础。因而，1994 年《证券交易及证券交易法释令的确认》将信义义务理论及展板理论（Shingle Theory）确认为证券经纪交易商公平对待客户的两项理论。[1]

这一确认有深厚的理论积淀。在 20 世纪早期的普通法中，券商在证券经纪或投资咨询等代理业务中，可对客户之资产或决策产生影响或进行控制。券商被视为客户代理人，须符合不得进行利益冲突交易、对敲交易或对冲客户指令的信义义务标准。[2]信义义务是盎格鲁-美国法中，产生于特定关系或合同，用以填补法律不连贯领域内的权利空白的衡平法概念，以忠诚义务为内核，与券商和客户之间的委托代理关系相契合。[3]美国 1933 年《证券法》及 1934 年《证券交易法》吸收了普通法的信义义务。判例也对券商与客户的委托代理关系及券商须披

---

[1] Confirmation of Transactions, Exchange Act Release No. 33743, 56 SEC Docket 558, 1994 WL 73633, p. 8 n. 48 (Mar. 9, 1994).

[2] See Chergl Goss Weiss, A Review of the Historic Foundations of Broker-Dealer Liability for Breach of Fiduciary Duty, *The Journal of Corporation Law*, Vol. 23, No. 1. , 1997, p. 67.

[3] Fiducia 在拉丁语中是信任及信赖之意。Webster's New 20th Century Dictionary 681 (2d ed. 1983)；忠诚义务是信义义务的核心，两者有时可通用。See J. C. Shepherd, *The Law of Fiduciaries*, Carswell, 1981, p. 48.

露利益冲突、最优执行客户指令、不得收取过度佣金等信义义务进行了确认。[1]

展板理论的适用范围比信义义务宽泛，该理论是1930年SEC提出的券商公平交易义务的理论基础。路易斯·罗斯是展板理论的提出者。券商业务模式多样，除在经纪或投资咨询等业务中与客户建立代理关系外，还可在自营、做市或其他业务中成为客户的交易相对方。因而，展板理论提出，券商身份就如同一块牌坊，表明其会按照"臂长交易"的平等、专业和商业尊重的标准与客户公平交易。罗斯在《SEC与证券经纪交易商》一文中写道，"1939年……SEC首次确定，券商按与证券的当前市场价格无关的价格，将证券出售给客户的行为，是欺诈性行为，是可撤销的"。[2]尽管当时SEC的这一确认对兼营证券经纪、自营和做市业务的券商并未产生太大影响，反而成为券商主张其交易符合臂长原则即可免责的庇护。但是展板理论还是确认了券商以客户收益弥补损失的行为、未获授权即对冲客户账户的行为、转移客户资产的行为、不披露佣金或隐藏佣金的行为均为欺诈性行为。所以，该理论提出的规制内涵，包括券商的公平交易义务、最优执行客户指令、利益冲突交易披露、适合性审查及违反这些义务的欺诈行为责任。[3]险资资管及私募基金投资管理人滥用客户非公开信息行为的禁止，也符合信义义务理论及展板理论。

---

〔1〕 Minor v. E. F. Hutton & Co. , 409 S. E. 2d 262, 264 (Ga. Ct. App. 1991).

〔2〕 See Louis Loss, "SEC and the Broker-Dealer", *Vanderbilt Law Review*, Vol. 1, No. 4. , 1948, p.518.

〔3〕 Securities Exchange Act of 1934, ch. 404, § 10 (b), 48 Stat. 881.

二、利益冲突交易者的义务与责任

利益冲突披露及利益冲突交易行为的禁止是防范券商利用客户信息进行自利或欺诈性交易的必然要求，这是券商在证券经纪、咨询、自营及做市业务中同时与客户处于委托代理关系、交易关系或竞争关系中的必然结果。所以，美国 1934 年《证券交易法》规定，券商须向客户告知其在当前交易或其他交易中的代理人身份、委托人身份及交易能力。[1]券商未披露其同时为客户代理人及自营或做市业务的委托人的，被视为对利益冲突交易的不实陈述，会影响其与客户建立的代理关系的效力。

SEC、FINRA（Financial Industry Regulatory Authority，自律委员会）及判例建立和确认了禁止券商的利益冲突行为的规则。对于仅作为经纪商的券商，禁止其为获取佣金而过度交易客户账户或不披露佣金；[2]对于兼具经纪商与交易商地位的券商，不论其是否建立防火墙，均禁止其在证券买卖业务中成为客户交易相对方或故意对冲客户指令，也禁止其对证券买方和卖方双方代理，或故意以执行失败的方式对消或不执行客户指令。[3]

Duker & Duker 案确立了券商对客户的公平交易义务。该案是经纪商利用其进入及控制客户账户之便利、挪用客户资金、在自营业务中买入债券，待债券收益上涨 44% 后按市价转移给客户的案例。SEC 主张被告券商并非与原告无任何关联，相反被告是基于其在证券经纪业务中与原告建立的代理关系，才可

---

〔1〕 17 CFR § 240.10b-10（a）（2）（2014）.

〔2〕 Exchange Act Release No.46108, 2002 WL 1364075（June 25, 2002）.

〔3〕 Taussing v. Hart, 49. N. Y. 301（1872）.

能操控客户资金和资产，并获得不公平收益的。法庭支持了SEC的主张，认定被告券商在同时为经纪商及交易商的业务中违反了公平对待客户的义务。[1]

最优执行义务，是建立了信息防火墙的券商在证券经纪、咨询、做市及自营业务中，同时成为客户的代理人、交易相对方或竞争者时须履行的信义义务。[2] 相比而言，公平交易义务并不产生于代理或信义义务关系，一般的臂长交易者也须恪守公平交易义务，只是券商是利用了其在代理关系中对客户非公开信息的"知情"，才获得了在臂长交易中侵害客户利益的能力。

券商须最优执行客户指令，实际上是由于做市交易与集中竞价交易可同时进行；投资者报价与做市商双向报价可并存；多个证券交易中心之间亦可互通互联。任何一种情况下都能形成客户、自营券商与做市券商之间的竞争性价格。所以，券商在报价和成交价的竞争型市场中执行客户指令时须尽合理审慎（reasonable diligence）义务，即须考虑市场特征、交易规模及报价的可及性等因素。因而，券商不论是在经纪业务中作为客户代理人，还是在自营或做市业务中，作为客户交易相对方均须按照客户的实际情况，及时以市场中的最优价格执行客户指令。[3]

利益冲突披露义务是指作为客户代理人的经纪商，或既为客户代理人同时也经营自营或做市业务的券商，均须披露其与客

---

〔1〕　Duker, 6 S. E. C. , P. 388.

〔2〕　最优执行义务来自普通法中的代理原则，是信义义务之一种。Newton v. Merrill Lynch, Pierce, Fenner & Smith, Inc. , 135 F. 3d 266, 270（3d Cir. 1998）.

〔3〕　The Securities Exchange Act, of 1934, Sec. 10（b）.

户之间的利益冲突。否则，依据 1934 年《证券交易法》Sec. 10
（b）及 Rule 10b-5，证券经纪交易商的行为即构成以误导客户为
目的的、对证券交易重大事实的不实陈述或省略。[1]

同时，券商违反公平交易标准对冲客户指令的行为、在经
纪业务中双方代理的行为、故意执行指令失败及对消客户指令
的行为、故意或过失的迟延交易，或以与当前市场价格无关的
不合理价格向客户出售证券的行为，也因其对重大交易事实的
不实陈述或误导性省略而被视为欺诈性交易行为。[2]

险资资管或私募基金的投资管理人在证券交易中滥用客户
非公开信息的行为亦是被严格禁止的。美国 1940 年《投资顾问
法》Sec.202（11）及 Sec. 204A，禁止从事证券交易的险资资管
或私募基金的投资管理人违反 1934 年《证券交易法》滥用客户
或发行人的非公开信息。2007 年《投资顾问法（修正案）》
Sec. 206（4）-8 规定了包括险资资管及私募基金在内的集合投资
载体的反欺诈规则，禁止资产管理人对投资者或潜在投资者的
虚假或误导性陈述或其他欺诈活动。

综上，厘清内部人及外部人责任根源的内幕交易责任机制、
厘清操纵者操纵行为之欺诈性的市场操纵责任机制、厘清券商
及其他机构投资者知情及自利交易之欺诈性的利益冲突交易责
任机制，将交易者滥用发行人重大非公开信息、或异化公开市
场信息、或滥用客户非公开信息的行为，均排除在公开市场交
易之外，这就形成了内幕交易责任机制、市场操纵责任机制、
券商等主体的利益冲突交易责任机制。对证券市场交易根基的

---

[1]　Charles Hughes & Co. v. SEC, 139 F. 2d 434 (2d Cir. 1943).

[2]　New York Penal Law, Sec. 390, Sec. 945；Levy v. Loeb, 89 N. Y. 386, 389
（1882）.

保障，即是对交易者能在所有公开可得信息基础上自主决策并形成证券公正价格的机制的保障。实际上，基于证券交易的公开属性，可保障证券市场的公正价格形成的证券法责任机制，也是从根源上防止证券市场沦为"消息市"和"庄家市"及交易者被分化为公开信息利用者及非公开或虚假信息利用者两个层次的唯一途径。

第四章
我国证券交易规制之重塑

如前述，证券交易责任机制的目的是维护以公开信息为基础形成证券公正价格这一根本性的证券交易结构。然而，我国建立在行为人身份标尺及主观状态基础上的内幕交易责任机制、建立在价量及信息的列举式操纵行为基础上的市场操纵责任机制及建立在业务隔离型规制基础上的证券经纪交易商责任机制，却囿于现行立法中过于狭窄的内幕交易责任基础、市场操纵认定逻辑中信息性质认定的缺失、券商与做市商之公平交易义务及竞争性价格形成机制的未建立，导致内幕交易、市场操纵、券商及做市商利益冲突交易方面的责任机制的法律漏洞及逻辑冲突层出不穷。

这不仅导致我国长期存在的消息市、庄家市及老鼠仓等问题在股市波动中集中爆发了出来，还从根本上改变了证券市场的价格形成机制；不仅导致私人信息与公开信息的分层，而且导致可利用这些私人信息的内部人、操纵者、券商及做市商，与仅可利用市场内一般公开可得信息的投资者之间的分化。

第一节　滥用重大非公开信息的责任

如前述，由于我国内幕交易责任机制对内部人身份标尺原则及外部人实施内幕交易行为时的主观方面的依赖，导致内部人的密切关联人、合法获得内幕信息者、信息受领人、多重信息传递者及最终受领人、无辜者等主体的内幕交易责任畸轻畸重或无法确认。因而，应拓宽我国《证券法》中内幕交易责任的基础，弥补其漏洞，解决其逻辑冲突。

为防止信息受领人滥用内幕消息，可在《证券法》第51条中界定信息受领人，即"从内部人处获得发行人重大非公开信息、且明知或应知内部人违反了对发行人的忠诚及注意的保密义务的自然人或法人。"信息受领人滥用发行人内幕信息的，应依据《证券法》第191条承担内幕交易责任。"滥用"行为之要件，应包括信息受领人对内部人泄露发行人内幕信息的行为的违法性的明知，或由于疏忽大意的过失的未知。基于这一逻辑，信息受领人通过市场预测或研究报告等公开途径扩散内幕信息的行为，也应被认定为内幕交易行为。

同时，可建立信息源及信息提供者两个概念，以弥补我国《证券法》中内幕交易行为人责任基础狭窄的问题。发行人内部人、《证券法》明确规定的内部人或临时内部人的密切关联人及基于正常商业交往而合法地从内部人或临时内部人处获得内幕信息的主体，均应被视为信息源。内部人及内幕信息被泄露时的第一重信息受领人之外，基于合法行为、特定关系或违法行为，获得或持有内幕信息并将其泄露给其他外部人的主体，应被视为信息提供者。[1]信息提供者是与信息接受者相对的概念，与信息源偶有交叉。这两个概念界定的基础均是这些主体获得发行人内幕信息的合法性或便利性。

这样一来，发行人内部人的配偶、父母、子女或兄弟姐妹等具有家庭关系的成员及与内幕信息提供者具有历史上、习惯上或经验上分享信息之传统的信息接受者，均应被视为信息源。在《证券法》第51条中与发行人内部人或临时内部人等主体，在历史上、习惯上或经验上有分享信息之传统的密切关联人，须对内幕信息负有保密义务，且不得依据内幕信息进行证券交易，即其须负戒绝交易之义务。

在内幕交易的归责原则上，《证券法》采用过错责任标准。原《内幕交易指引》中"持有内幕信息即违法"的严格责任，是由于内幕交易责任基础过于狭窄，而不得不采用的宽泛归责原则。同时，在《证券法》能厘定主观方面无法判断的多重信息受领人及信息最终利用者、内部人近亲属、或在历史上、习惯上及经验上与内部人有分享信息之传统的密切关联人作为信息源或信息提供者的法律地位，则持有即违法的严格责任标准就没有必要了。上述主张也可以改变无辜者内幕交易责任畸重的现状。对于无意中知悉内幕信息且刚好进行了证券交易的主体，如果无法证明其有滥用内幕信息的故意，或其是通过内幕信息获利的，则不应将其认定为内幕交易人，而应将其认定为无辜者。[2]同时，由于内幕交易收益，在判断行为人是否违反了衍生性保密义务或戒绝交易义务方面具有重要意义，因而内幕交易收益的范畴应扩大。内幕信息泄露者、传递者及利用者

---

〔1〕　e. g. , SEC Rule 10b5-2.

〔2〕　e. g. , Fed. Sec. L. Rep. （CCH）99，497（W. D. Okla. 1983）.

声誉的提升、友情或交易机会的获得及实际收益，均可被视为内幕交易收益。

合法获得内幕信息者、多重信息受领人及信息的最终利用者也应对信息源承担保密义务。这些主体是基于正常商业交往或与发行人内部人或临时内部人的亲密关系或其他特殊关联，而在商业模式上或经验上，均较易获得内幕信息的主体。所以，其获得及持有内幕信息并不违法，且其往往对内部人泄露内部信息是否具有违法性，并不知悉或无从判断。因而，可在《证券法》第51条中补充规定，合法获得内幕信息者、多重信息受领人及最终利用者，须对发行人及其股东承担保密义务。此类主体利用或泄露发行人重大非公开信息，给发行人及其股东或一般投资者造成损失的须赔偿损失，并承担相应的行政或刑事责任。

综上，由于内幕交易规制的核心在于防止部分行为人获得利用发行人重大非公开信息进行交易的优势。因而，对于现行法中未作出规定的产生内幕交易责任的基础关系，就需要通过现行法的修订创设出新的可确认内幕交易者与信息源的基础关系的规范。

第二节　市场操纵行为的责任

如前述，我国市场操纵立法在价量操纵及虚假信息交易规制之外存在法律漏洞的根源，在于《证券法》以价量操纵填充起来的市场操纵抽象概念及操纵行为认定逻辑中对被操纵市场内公开信息的性质变异的判断缺失。因而，那些虽然在一定程度上具有资金、持股或信息优势，但在操纵手段上却与价量操纵或信息操纵大相径庭的幌骗型高频交易操纵、滥用性裸做空、股份回购操纵、做市商操纵及利用金融衍生品的跨市场操纵，不在《证券法》的覆盖范围内。

2019 年《证券法》第 55 条沿袭了《证券法》通过价量操纵及虚假信息操纵类型的列举来界定市场操纵行为概念的思路。因而，应考虑在《证券法》中确立市场操纵行为的抽象概念，从而把各类市场操纵行为的隐含本质，即其把建立在正常证券供给和需求基础上的证券价格等公共信息，转变为操纵者希望向其他交易者传递的虚假价格或其他类型的私人信号的欺诈性行为的属性，纳入到《证券法》对市场操纵概念的抽象界定及对市场操纵行为的认定中。[1]同时，应当对指令型操纵及跨市场操纵等新型操纵行为，作尽量详细的规定，从而让具有厘定操纵行为基本要素之功能的市场操纵抽象概念发挥其概括性及兜底性的作用。

具体来看，股市波动中出现的伊士顿高频交易案说明我国《证券法》亟需认定幌骗型或叠单型高频交易操纵。可考虑在 2019 年《证券法》第 55 条及期货法中对二者作出规定，从而禁止高频交易者拉抬或扰乱证券市场价格的操纵行为。可在《证券法》中，将幌骗型高频交易界定为交易者故意利用程序化交易软件在发出交易指令的同时或其后很短时间内撤单，且撤销指令可先于报价指令到达交易所集中交易系统，并对其他交易者产生误导的市场操纵行为；将叠单型高频交易，界定为交易者利用高频交易程序实施幌骗、制造欺诈性信息，并对交易者逼仓的行为。[2]这两类行为须依据《证券法》第 192 条承担市

---

〔1〕 The Securities Exchange Act of 1934, Sec. 9.

〔2〕 Dodd-Frank Wall Street Reform and Consumer Protection Act , Pub. L. 111-203, § 747, 124 Stat. 1376, 1739.

场操纵行为责任。同时，可在《证券法》第 55 条中补充规定使用高频交易程序或软件的交易者，应履行大宗交易报告义务、上交高频交易密码及统一执行指令的义务，以提高高频交易透明度，降低其市场扰乱效果。[1]

对于滥用性裸做空，可考虑在《证券法》第 55 条中作出规定。可将做空者获得交易所需资产后，在交易日末以故意的结算失灵或其他方式的证券所有权转让的失败，引起证券供需严重不平衡、人为压低证券价格及制造市场扰乱的行为，界定为滥用性裸做空。行为人故意或恶意的结算失灵，或以其他方式导致证券所有权转让的失败，是该行为的欺诈性的主要体现。由于做空行为本身是合法的，且有助于挤压证券价格泡沫，因而，对证券供需的实质性扰乱也应成为滥用性裸做空的客观要件。但如果交易者完全披露了其要做空的证券的总量，且 3 天内不予转让，则可适用除外。[2]

证券是衍生品的基础资产，交易者的跨期现市场交易是常见的套利或保值方式。但是，那些利用金融衍生品或证券在证券市场或衍生品市场内制造虚假的、对投资者具有误导性的交易信号的行为，须被认定为跨市场操纵行为。但我国 2019 年《证券法》第 55 条并未禁止交易者为了获取衍生品或其基础资产即证券的不当利益，而拉抬、打压或锁定衍生品基础资产价格或衍生品价格。即并未禁止跨市场操纵行为。

我国原《证券法》、证监会原《市场操纵指引》、《期货交易管理条例》及《上海证券交易所股票期权试点交易规则》，对

---

〔1〕 The Securities Exchange Act of 1934, Sec. 13（h）.

〔2〕 e. g., Securities Exchange Act Release No. 34-58592（Sept. 18, 2008）；FSA, Short Selling（No. 2）Instrument 2008, FSA 2008/50（Sept. 18, 2008）.

证券和衍生品的市场操纵行为的认定较为一致。依据这些立法，集中资金、持股、持仓或信息等优势的价量操纵或连续买卖、虚假信息交易、约定或共谋交易、洗售、频繁申报或撤销交易、程序化交易、抢帽子交易及囤积现货交易行为，均可能被认定为跨期现市场操纵行为。[1]

这些规则确立的跨市场操纵行为的本质，在于跨期现市场操纵者欺诈的意图，即改变证券或衍生品的正常供需所形成的价格或其他交易信息的意图。然而，这仅是学理推演。囿于目前我国证券、期货及股票期权立法并未通过抽象概括式兜底条款明确市场操纵行为的抽象概念及行为共性，因而对《期货交易管理条例》等现行规则中暗含的操纵者的欺诈意图的推演仅是学理性的，法律条文中对此无规定。

相比而言，美国《商品交易法》均认定金融衍生品操纵是以产生误导、错误或明知不准确的信息为目的的行为。《多德–弗兰克法案》Sec. 753 授权商品交易委员会禁止衍生品市场内的欺诈性或操纵性行为。《商品交易法》Sec. 6（c）(1)在界定期货操纵性行为时，与 1934 年《证券交易法》Sec. 10 保持一致，将期货操纵行为界定为欺诈性操纵行为。CFTC《规则 180.1》Sec.（a）(4)，规定期货、掉期及其他衍生品的市场操纵行为应被禁止。

CFTC《规则 180.2》，在用语上都非常接近 1934 年《证券交易法》Sec. 10 的概括兜底条款，即禁止交易者进行任何干预或操纵衍生品的正常供给和需求的行为。交易者操纵或试图操纵任何掉期、商品或州际商务交易中的商品期货合约的行为都是违法的。CFTC《规则 180.2》的用语中"操纵或试图操纵"，

---

〔1〕《期货交易管理条例》第 39 条和第 70 条；《上海证券交易所股票期权试点交易规则》第 150 条。

并未要求操纵者有欺诈的故意。就语义分析即可推断出，过失性的衍生品交易操纵亦被该条所覆盖。

因而，美国《多德-弗兰克法案》及《商品交易法》对我国《证券法》的启示，在于通过证券市场操纵行为操纵衍生品交易，与通过衍生品交易操纵证券市场，二者在构成要件上是不同的。前者的构成要件是故意的欺诈性操纵，后者的构成要件还包括过失性操纵。所以，在我国《证券法》第95条中，增加市场操纵行为的抽象概念时，应将市场操纵行为界定为，交易者以改变市场内正常证券供需所形成之价格或其他交易信息为目的的欺诈性的证券操纵行为、故意或过失性的衍生品操纵行为。

将这一界定适用于跨市场操纵行为时，证券交易者与衍生品交易者的注意义务的差异就较为明确了。衍生品交易者更高的注意义务，实际上与衍生品交易为指数交易、衍生品不具有证券的资产价值属性有关；同时与衍生品交易操纵往往需要依靠一定的市场力量、采用真实交易、于到期日无法交割一般不被追责，才可达到逼仓或价格挤压之目的也有很大关系。金融衍生品的逼仓和挤压，都是较为常见的市场操纵形式。如在远期合同中，交易者可从远期合同到期日商品价格的变化中获利。沽空商品价格的交易者，会买入看跌期权，反之则买入看涨期权，但如果看涨期权交易者同时买入了商品仓单并做多其证券，则在交割日临近时，商品价格已上涨，看跌期权交易者只能不断买进仓单才能完成交割。此时，逼仓行为不仅改变了远期交易价格，而且还可能让看跌期权持有者孤注一掷，增加市场内的商品供给，形成新的价格操纵。[1]价格挤压也有相同特点，

---

[1] Merrill Lynch, Pierce, Fenner & Smith Inc. v. Curran, 456 U. S. 353, 357–359 (1982).

沽空远期合同的一方可增加商品供给、压低价格，从而让看涨期权持有者现金不足，无法完成交割。[1]历史上，期权、掉期等衍生品交易者也以相似的方式进行市场操纵。

所以说，衍生品交易一直有以真实交易实现市场操纵的特点。但早期判例在把真实交易界定为欺诈性操纵方面始终存在疑虑。实际上，当操纵者主张衍生品无法交割时，法庭也很难判断其是否有欺诈之故意。然而，法庭对此类行为的投机性及其扰乱市场价格的后果是认可的。[2]这就可以解释为何法庭对衍生品操纵的认定，适用了比证券操纵认定更高的注意义务，不仅把符合故意欺诈意图的行为纳入其中，而且将不具有欺诈之故意的行为也纳入进来。所以，我国《证券法》在规定跨市场操纵行为时，也应对证券或衍生品的跨市场操纵的注意义务标准区分对待。

交易者或新三板做市商，在股份回购或做市过程中，故意拉抬或维持证券价格，形成证券价格坚挺或交易活跃之假象，并在公众投资者受误导后，即行反向交易获利的，可考虑基于回购者或新三板做市商的行为的欺诈性，将其界定为市场操纵行为。[3]这两类行为均具有市场型欺诈的特征，在操纵手段上也都依赖操纵者的主体资质及其在价格、交易量或信息上的优势。

实际上，除了在跨市场操纵认定上须对衍生品交易的跨市场操纵适用较高的注意义务外，证券操纵行为的欺诈性本质是较为明显的。因而，在认定市场操纵行为时，须以交易者故意

---

〔1〕　Frey v. CFTC, 931 F. 2d 1171, 1175 (7th Cir. 1990).

〔2〕　Scott v. Brown, Doering, McNab & Co., (1892) 2 QB 724.

〔3〕　Santa Fe Industries, Inc. v. Green, 430 U. S. 462 (1977).

的不实陈述、重大省略、其他欺诈行为或市场型欺诈作为责任认定的主观及客观要素。高频交易操纵、滥用性裸做空、股份回购操纵、做市商操纵及证券交易的跨期现操纵，均具有这一特点。操纵者就其欺诈性操纵行为的损害承担责任的基础，还包括其他交易者对操纵者实施的故意、恶意或过失性的欺诈行为所持的合理信赖。证券市场交易的公开性，即可成为该合理信赖之基础。

第三节　券商及其他机构投资者的责任

如前述，依据《证券法》等规定，我国券商、做市商、险资资管及私募基金的投资管理人，可在证券经纪及投资咨询业务中基于代理人身份知悉客户非公开信息，也可在自营及做市业务中，作为交易商成为客户的交易相对方或竞争者。然而，在股市波动中中信、平安及泽熙基金等机构的高管和其他墙上人员，不但可以轻易穿透机构内部的信息防火墙，知悉客户非公开信息并进行交易，还可通过上市公司市值管理等隐秘方式，知悉及利用证券发行人的内幕信息。实际上，2013 年之后的险资、股市波动中的券商、股市波动后期的私募基金，就已成为老鼠仓及内幕交易大案要案不断爆发的重灾区，但至今仍缺少立法和监管。

因而，利益冲突问题也是让券商、做市商、资管或私募基金的证券交易的信息基础发生重大变化的问题。然而现行《证券法》等立法，除交易单元分立、信息隔离墙制度及相关行政责任外，未确立证券经纪交易商及其他机构投资者的最优执行义务及公平交易义务，也未确立新三板做市商报价、投资者协议定价及集中竞价程序所形成的价格，与大盘集中竞价价格之间的竞争性价格形成机制。这也导致券商及其他机构投资者利用客户非公开信息的利益冲突交易及其形成的价格，既无法被规范，也无法被挤出市场。

因而，应在《证券法》、《保险资产管理公司管理暂行规定》、《私募投资基金监督管理暂行办法》及《全国中小企业股份转让系统业务规则（试行）》中，建立兼营证券经纪、投资咨询、顾问及自营、做市业务的券商、做市商、资管及私募基金的投资管理人在证券经纪及投资咨询等代理业务中，对客户的忠诚义务及公平交易义务。应在这些立法中，要求券商等主体，披露其地位及与客户的利益冲突。同时，应禁止在证券经纪或咨询业务中知悉客户非公开信息的券商或其他机构投资者，违背公平交易标准、挪用客户资金、故意对冲客户指令、对处于交易相对方的客户双方代理或在执行客户指令时故意执行失败或对消客户指令的行为。[1]

同时，还应建立兼营证券经纪、投资咨询、交易及做市业务的证券经纪交易商对客户指令的最优执行义务。可在《全国中小企业股份转让系统业务规则（试行）》中补充规定，新三板集中竞价系统的集中竞价、投资者的协议定价、做市商报价这三种价格形成方式可同时进行。投资者或其经纪商，可选择三种价格形成方式中的最优价格执行投资者指令。新三板市场中的竞争性价格，可挤出有利益冲突交易的做市商及主办券商。在条件许可时，可让符合两交所上市发行条件的证券同时在两交所和新三板上市，由客户选择两交所集中竞价及新三板价格

---

[1] Taussing v. Hart, 49. N. Y. 301（1872）; Levy v. Loeb, 89 N. Y. 386, 389（1882）.

中的最优价格。

同时，证券经纪交易商及做市商在履行最优执行义务时，须符合合理审慎标准，即须依据证券交易的规模、类型、各类报价的可及性及市场内出现的最优价格，按客户的实际情况及时执行客户指令，禁止其按照与当前市场价格无关的价格执行客户指令。此外，应禁止券商、资管及私募基金的投资管理人的过度交易及对冲或转移客户资产的行为。[1]

券商、做市商、资管及私募基金的投资管理人的利益冲突行为责任，对上述义务的履行而言具有至关重要的作用。可在《证券法》等规则中规定，券商、资管及私募基金的投资管理人，不披露其同时为经纪商及交易商的市场地位及利益冲突、不执行或不以最优价格执行客户指令、对客户进行不公平交易的行为，均为误导性不实陈述或重大省略行为，应被认定为欺诈性行为。同时，还可在上述规则中规定，券商等主体违反忠诚义务、最优执行客户指令义务、公平交易义务，进行禁止性利益冲突交易、给客户造成损失的，须向客户承担赔责任。

综上，从根源上填补我国证券立法对内幕交易、市场操纵、券商、资管及私募基金的投资管理人的规制漏洞的深层意义，在于禁止交易者将发行人重大非公开信息、操纵者制造的虚假信息及客户非公开信息，混入或替代市场公开可得信息的行为，防止其妨碍证券市场的公正价格形成机制，从而让市场回归到由公开信息形成证券市场价格的轨道上来。

---

〔1〕　e. g. , In re Snyder, Exchange Act Release No. 46108, 2002 WL 1364075（June 25, 2002）.

结　语

现代金融市场依循法治的基本逻辑，法治浸于金融市场之根基。在法治与金融的内生关联中，证券市场公正价格形成的法律机制，既是证券市场根基，也是证券市场法治的根本问题。证券法对投资者可依据公开信息、自主交易、形成公正价格的证券市场根基的保障，以法律规则对交易者行为的全面规制及与之对应的严密责任体系为依托。

然而在我国，与证券市场交易不断跟进国际趋势相伴随的是移植域外证券法律规范虽易，但本土化时却水土不服。（以《证券法》在内幕交易、市场操纵、利益冲突交易者自利行为及独占性价格形成能力等方面频出的立法漏洞、执法机构僭越法律、无边界的行政裁量权、司法的混乱及不断发生的证券市场风波、长期存在的消息市、庄家市及投资者保护乏力为表征。）此固疾与证券市场法治格格不入，却难以根治，其不仅是《证券法》和期货法主要问题，也是证券市场法治进程中长期存在的问题。

证券市场法治并非空中楼阁。金融与法治的内生关联，实际上是自由公开市场中交易者的合法行为规范与违法责任机制之间的闭合逻辑体系。以公开信息、自主交易及公正价格形成为内核的自由公开市场的交易逻辑，对交易者提出了不得滥用发行人内幕信息、客户非公开信息或制造误导其他交易者的虚假信息的要求。其亦是对证券市场主体行为规范及违法责任的原生性要求，对弥合证券市场与法治的间隙具有重大而深远的意义。依循证券市场交易根基，保障公正价格形成机制，以市场交易责任机制的重塑，革新市场主体的行为准则，创设有生命力的证券法律规范及证券市场，是这一重大法治工程的起点，也是改变证券舶来立法中，对证券交易法律精神之疏漏及妥协的逻辑起点。

第二编

证券信用交易规制

引 言

证券信用交易本质上是以证券的预期风险收益支持融资杠杆，在资金融入方的股权收益基础上附加来自资金融出方的债权约束的交易。证券的担保功能，亦内生形成证券折价机制，二者以资金融出方的信用风险分配能力，即证券所支持之融资杠杆及资金融出方对质押证券的优先处分权，建立实质关联。2015 年股价大跌是我国因监管调控而呈周期性运动的证券法对证券信用交易规则选择性不发展及依据不确定性规则发展，容许了投行意定掠夺式风险分配的结果。因而，应通过大资管及股票质押等场外信用交易的证券质押率及折价幅度的确定、保证金交易规则向银行及非券商非银行机构的扩展、跨市场操纵规则的适用，来建立证券信用交易风险分配规则，并约束证券之折价及其与折价信息的相互作用。证券信用交易风险分配正式规则的建立，是我国证券法实现证券信用交易繁荣市场及促进价格发现之功能的关键。

证券信用交易是融资融券业务的总称，是基于金融资产每经过市场信息过滤后就会形成新的价格的属性，[1]通过证券的

---

[1] See Irving Fisher, *The Theory of Interest, As Determined by Impatience to Spend Income and Opportunity of Invest It*, Kelley & Millman, 1970, p. 13; Also see Alan D. Morrison and William J. Wilhelm, Jr., *Investment Banking: Institutions, Politics, and Law*, Oxford University Press, 2007, p. 41.

预期风险收益支持融资杠杆的交易。融资融券业务一般在证券公司与投资者之间展开，证券公司向投资者收取质押证券或现金，再向其出借资金供其买入证券或者出借证券供其卖出。

实践中，通过质押证券的担保功能，从证券公司、银行或其他机构获得信用支持的方式，远远超过法定意义上的融资融券交易。我国自2010年金融监管创新开始，投资者便以质押证券折抵保证金，直接或间接地从金融机构或非金融机构融资，买入证券再高价卖出，以投资收益偿还融资。[1]上市公司也通过质押证券从证券公司融资，并通过股票回购偿还资金。这两大类交易的实质，均是以证券的预期风险收益获得债权性融资。债权性资金的来源，涵盖了证券公司的自有资金、银行理财资金、券商资管资金、信托资金及基金等。本书将这两大类利用质押证券的担保功能，获得金融机构或非金融机构的信用支持的交易，即通过质押证券支持全部或部分融资杠杆获得债权性资金的交易，界定为广义上的证券信用交易。不仅我国的金融监管创新实践提出了界定广义上的证券信用交易及完善其配套规则的要求，美国1936年U规则、1968年G规则、欧盟2015年《证券融资交易规制》规则也对证券融资、融券及回购等交易采用了宽泛的综合性定义，从而涵盖这些交易以证券的预期风险收益为基础，附加融资融券交易的债权性义务并产生信用

---

〔1〕 2016年之前A股配资的五大渠道包括证券公司融资融券、证券公司股票收益互换、单账户结构化配资、伞形结构化信托、互联网及民间配资。我国通常将券商融资融券业务以外的证券融资称为场外配资。参见清华大学国家金融研究院课题组等："完善制度设计 提升市场信心 建设长期健康稳定发展的资本市场"，载《清华金融评论》2015年第12期；陈陌阡："U规则——银行及证券经纪人、证券交易商之外的其他人为购买或持有保证金股票之目的提供的融资"，载《金融服务法评论》2018年第0期。

风险的属性。[1]

证券信用交易的核心是以质押证券的预期风险收益支持融资杠杆。证券信用交易中的融资交易，赋予投行信用风险分配能力，尤其是投行对质押证券等敏感性金融资产的优先处分权，使得融资具有可能性。投行对敏感性金融资产的优先处分权，亦蕴含着证券折价机制。折价的根源在于证券的风险收益，本质上是金融资产经市场信息过滤后重新形成的可变价值。投行对质押证券等敏感性金融资产的处分、质押证券的折价、折价信息的形成三者之间的循环多米诺骨牌效应，是证券信用交易的必然结果之一。

资金融出方意定的信用风险分配，相当于赋予资金融出方启动质押证券折价机制的主动权。资金融出方意定的信用风险分配，具有实现债权性融资在证券预期风险收益中的最高收益与最低风险的最大理性偏好，因而，改变金融资产价值经新的信息过滤后即重新定价的产权制度中的信息要素。这是该最大理性偏好，要求资金融入方以较高的证券质押率支持较高的融资杠杆，并向资金融出方转移质押证券的优先处分权，进而以

---

〔1〕 美国1936年U规则及1968年G规则，涵盖了银行及其他非券商非银行类市场主体，向证券投资者融通资金，并以质押证券折抵部分保证金的证券信用交易。12 CFR sec. 207. 欧洲系统性性风险委员会（ESRB）依据欧盟2015年《证券融资交易规制》第29（3）条，将证券融资交易界定为以证券为融资支持临时获得现金，或以证券为融券支持临时获得其他证券的证券担保化交易。融资方或融券方违约时，对手方可处分证券以弥补资金或其他证券的损失。证券融资交易的类型包括质押证券回购交易、证券保证金交易及融券交易等。Article 29（3）Regulation on Transparency of Securities Financing Transactions and of Reuse（2015/2365）. 欧盟《金融担保安排》规定的所有权转移的金融担保安排及担保式金融安排协议的典型形式分别是股票回购协议及质押证券支持型融资。Articles 2（1）（b）and 2（1）（c）of On Financial Collateral Arrangements（Directive 2002/47/EC of the European Parliament and of the Council）.

资金融出方的融资能力，而不以融入方的信用风险承受能力及证券折价幅度为信用风险分配尺度的必然结果。我国 2015 年证券信用交易诱发股价大跌，美国 2008 年证券融资回购交易诱发金融危机，均是投行意定信用风险分配启动证券折价机制触发深不见底的证券折价螺旋的体现。

因而，证券信用交易中蕴含的证券折价机制的启示在于，须对场内及场外证券信用交易的风险分配机制进行制度性约束，以实现资本市场产权制度的确定性。我国在 30 年的"刺激-泡沫-治理"周期内形成的《证券法》，对证券信用交易规制规则选择性不发展或依据不确定性规则缓慢发展，不仅容许投行获得意定信用风险分配权，而且除在监管机构对投机市的治理中禁止了对接类业务外，未触及证券信用交易风险分配的制度安排及证券折价机制。其也成为我国证券法规制金融监管创新中的证券信用交易的悖论。

所以，建立及完善证券信用交易风险分配规则，不仅是实现我国资本市场产权制度在证券信用交易中的确定性的一项系统性工程，而且是改变我国《证券法》在过去 30 年的发展周期中形成的监管依赖性及其对建立正式法律规则的消极影响的历史性工程。

第一章
金融机构意定的信用风险分配

第一节　金融监管创新与金融机构意定信用风险分配

2010 年以来，密集发布的监管新规基本围绕着场内及场外的证券信用交易展开，我国证券市场亦进入金融创新快车道。比起证券法律制度在资本市场发展的前三个阶段内，禁止证券信用交易、对银行资金进入股市极为谨慎、无衍生品业务、资管等业务不发达；2010 年以来的金融监管创新，赋予了投行在证券信用交易中的风险分配权。

证券信用交易的融资杠杆、证券质押率、投行对质押证券等金融担保资产的优先处分权，是投行在证券信用交易中进行风险分配的核心机制。该核心机制内生性地形成证券信用交易的质押证券等金融担保资产的折价机制。以此为基础，上市公司杠杆化、投资者零售客户化，我国证券市场在金融监管创新中发生了结构性变化。

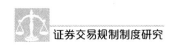

表一　证券市场结构化变化及证券信用交易中投行意定风险分配的形成

投行风险分配功能中心化	证券信用交易类型	投行对敏感性金融资产的优先处分权/性质	上市公司杠杆化	投资者零售客户化
2010 年融资融券重启	场内证券保证金交易	平仓处分质押证券/法定	2013 年交易所平台股票质押	银行理财
2010 年结构化信托	信托计划对接券商资管	信托产品优先、劣后级权益/意定	2013 年券商柜台股票质押	结构化信托
2013 年银行分级理财	银行理财对接券商资管	平仓处分质押证券/意定	2013 年报价系统股票质押	券商资管
2013 年券商柜台衍生品业务	收益互换对接券商资管	平仓处分质押证券/意定	2013 年券商柜台收益互换	分级基金
2012 年交易所基金	分级基金	A 份额持有人出售证券/意定	–	–
2014 年券商分级资管	分级资管对接银行理财	优先、劣后级权益上限法定	–	–

　　2010 年重启的券商融资融券业务，以初始保证金、维持保证金及强制平仓线，确定了证券融资杠杆及折抵保证金的证券的最高质押率。[1]依据 2018 年《股票质押式回购交易及登记结算业务办法》及《证券公司金融衍生品柜台交易业务规范》推出的股票质押回购及收益互换业务，是此后上市公司杠杆化严

---

　　[1]　2015 年《证券公司融资融券业务管理办法》第 28 条。

重的重要原因。[1]在股票质押回购业务中，质押证券回购率上限，由资金融出方与融入方约定。[2]在收益互换业务中，履约保障品的质押率，由券商与场外业务交易相对方约定。[3]在各类投行的结构化信托、分级基金、理财及资管等业务中，投行零售客户的资金间接进入证券市场。在 2010 年获批的结构化信托业务中，信托产品受益人的优先级与劣后级比例由信托管理人设定。[4]在 2012 年之后两交所推出的分级基金业务中，依据申购及赎回实施细则，分级基金 A、B 份额拆分、配对转换及投资组合出售与资金回赎，由优先级与劣后级持有者约定。[5]券商资管对接银行理财、开展分级基金业务，是 2013 年《关于规范证券公司与银行合作开展定向资产管理业务有关事项的通知》等规则制度创新的结果，银证合作中，券商分级资管的权益类投资收益，可由银行与券商按照 4：1 的份额设定优先级与劣后

---

〔1〕 2018 年《股票质押式回购交易及登记结算业务办法》第 2 条规定，股票质押回购是指符合条件的资金融入方以所持有的股票或其他证券质押，向符合条件的资金融出方融入资金，并约定在未来返还资金、解除质押的交易。

〔2〕 2018 年《股票质押式回购交易及登记结算业务办法》第 21 条第 2 项规定，融入方、融出方应遵守证券公司标的证券管理制度确定的标的证券范围、质押率上限、风险控制指标等要求；该法第 17 条规定，融出方包括证券公司、证券公司管理的集合资产管理计划或定向资产管理客户、证券公司资产管理子公司管理的集合资产管理计划或定向资产管理客户。专项资产管理计划参照适用。

〔3〕 2013 年《证券公司金融衍生品柜台交易业务规范》第 19 条规定，证券公司进行衍生品交易，可以要求交易对手方提供履约保证金或可接受的履约保障品。

〔4〕 2010 年《中国银行业监督管理委员会关于加强信托公司结构化信托业务监管有关问题的通知》第 6 条第 1 项规定，结构化信托业务产品的优先受益人与劣后受益人投资资金配置比例大小应与信托产品基础资产的风险高低相匹配。

〔5〕《深圳证券交易所证券投资基金交易和申购赎回实施细则》及《上海证券交易所开放式基金业务管理办法》第 19 条规定，母基金份额和子份额之间可以通过分拆、合并进行配对转换。

级。[1]

依据这些规定，在场内保证金交易及分级资管以外的其他证券融资业务中，投行均依约定获得了担保型金融资产即质押证券的优先处分权，也因此获得了信用风险分配的主动权。投行处分质押证券等金融担保资产的方式，包括券商、信托机构

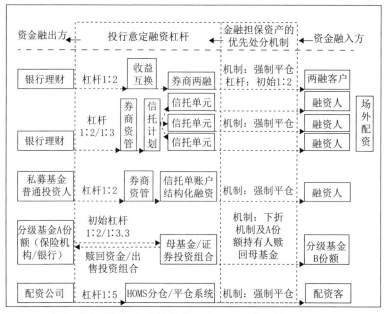

图1　投行对金融担保资产的优先处分机制及意定的风险分配示意图

（箭头虚线代表资金融出的方向，箭头实线代表金融担保资产被处分后资金回流的方向。）

---

〔1〕2014年《关于进一步规范证券公司资产管理业务有关事项的补充通知》第3条规定，证券公司分级集合资产管理计划的产品设计应遵循杠杆设计与风险收益相匹配的原则，并符合如下要求：权益类产品初始杠杆倍数应不超过5倍；其他产品初始杠杆倍数应不超过10倍。

及场外配资公司的强制平仓机制，还包括分级基金下折机制及A份额持有人赎回母基金。通过强制平仓，券商、信托机构及配资公司可以在投资者资金缺口临近平仓线时卖出质押证券，回流资金，保证银行理财资金和配资资金的安全。通过分级基金下折机制，在投资者持有的B份额收益降低时，母基金即投资组合和A份额都会收缩并重新分配，A份额持有人通常会卖出投资组合，回流资金。不仅如此，由于银行、信托及私募基金普通管理人对融出资金的安全性的需求较高，因而这些机构还在收益互换、单一结构化信托或伞形信托等主要的融资通道中，设置了嵌套式的质押证券等金融担保资产的优先处分权。

投行的信用风险分配工具，除质押证券优先处分权外，还包括以质押证券支持的融资杠杆及证券质押率。如场内保证金交易以初始保证金及维持保证金的比例，确定了融资杠杆及证券质押率；股票质押回购业务以证券质押率确定了融资杠杆；分级基金等结构化融资业务，以母基金证券或证券投资组合优先级与劣后级收益的比例，确定了交易中劣后级对优先级的隐性担保比例。[1]实际上，在通过融资杠杆及证券质押率确定的风险临界点上，资金融出方投行对质押证券的优先处分权，是资金融出方对融出资金的债权性收益与资金融入方对证券的风险型收益之间的差异性诉求可达成合意的基础。

上述因素共同构成了投行对投资者的意定掠夺式的信用风险分配。证券市场整体的融资杠杆超过了券商资本金及质押证

---

[1]　例如分级基金A、B份额持有人分别为基金投资组合收益的优先级与劣后级，当B份额收益降低时，A份额持有人通常会在B份额下折及基金投资组合份额重新分配时，行使其优先收益权，出售投资组合，但B份额持有人无此权利。这就相当于以B份额持有人在基金投资组合中占有的劣后级份额，为A份额持有人的收益权提供了隐性担保。

券的信用风险覆盖能力。券商、银行、信托等机构对质押证券或其他金融资产行使的"嵌套式"优先处分权，也导致质押证券价格在连续降杠杆中持续暴跌。随着高融资杠杆所导致的信用风险的爆发，投行跨市场操纵活跃又推进了市场流动性的崩塌及散户的羊群行为。

不仅如此，该意定掠夺式信用风险分配机制蕴含着相同的逻辑，即质押证券等金融担保资产的折价机制。在证券保证金交易、股票质押及收益互换业务中，证券均为被质押的金融担保资产，其价格的下跌与资金融出方的强制平仓等资金回流机制之间具有循环多米诺骨牌效应。在结构化信托、分级资管及分级基金业务中，证券的收益均会在资产份额的优先级与劣后级持有人之间，按照优先级与劣后级的比例发生分层，因而证券价值的下降与优先级持有人提前临时行使优先收益权即处分证券之间，也具有循环多米诺骨牌效应。银行作为资金融出方，受到理财资金收益的隐性约束，其不论间接对接到证券质押类业务中，还是直接对接到分级资管等结构化业务中，对获取质押证券等金融担保资产的优先及固定的收益都有较大需求。

同时，证券在二级市场中的价格下跌，具有触发上述循环多米诺骨牌效应的效果。因而，可以认为在质押类及收益分层类业务中，金融担保资产即质押证券，均是对证券的市场价格、风险及市场信息非常敏感的资产，可被称为敏感性金融资产。[1]投行对敏感性金融资产的优先处分权的行使、导致的证券价格下

---

[1] 敏感性金融资产与阿伦（Allen）等学者在系统性风险成因分析中界定的脆弱性资产的涵义相同，是指资产价格小的波动可引起市场大的关联性震荡的资产。See Franklin Allen and Douglas Gale, "Financial Fragility, Liquidity, and Asset Prices", *Journal of the European Economic Association*, Vol. 2, No. 6., 2004, p. 1016.

跌及二者之间的循环多米诺骨牌效应，形成了实质上的证券折价机制。更为重要的是，在证券信用交易风险分配机制所分配的风险的额度及敏感性金融资产的处分权上，除在场内保证金交易及分级资管业务中是由法律予以明确规定的以外，在股票质押、银行理财或券商资管对接两融业务时，均依据各项金融监管创新制度，由投行与交易相对方约定。

因而，除了场内保证金交易及分级资管业务以外，投行与投资者之间的各类投资合同及金融担保合同都含有相同的内容，即投行意定的信用风险分配所导致的不受控制的高杠杆及同样不受控制的金融担保资产的折价。这样一来，不论是场内证券信用交易，还是场外证券融资交易，都含有同一个逻辑，即以质押证券等金融担保资产的价格下跌为导火索的、各项金融创新业务的信用风险的顺周期崩塌。

表二　投行对金融担保资产的优先处分权（意定信用风险分配）的实质

场内/场外证券信用交易	投行对金融担保资产的优先处分权（意定信用风险分配）	
	方式	实质
保证金交易	强制平仓处分质押证券	质押证券的法定折价机制
结构化信托对接券商资管	优先级劣后级权益分层	隐性质押证券的意定折价机制
银行理财对接券商资管	强制平仓处分质押证券	质押证券的意定折价机制

续表

场内/场外证券信用交易	投行对金融担保资产的优先处分权（意定信用风险分配）	
	方式	实质
股票质押对接券商资管	强制平仓处分质押证券	质押证券的意定折价机制
券商收益互换	平仓处分质押证券	质押证券的意定折价机制
交易所分级基金	A 份额持有人出售证券	股市下行时证券的法定折价机制
分级资管对接银行理财	优先劣后级权益上限法定	股市下行时证券的法定折价机制

综上，在我国自 2010 年开始的金融监管创新中，证券信用交易的融资杠杆、证券质押率、投行对质押证券等金融担保资产的优先处分权，成为证券信用交易风险分配机制的核心。以此为基础，投行风险分配功能中心化、上市公司杠杆化、投资者零售客户化。证券市场的这一结构性变化增进了繁荣，但也推动了投机市的形成。

面对各类市场主体都深陷其中的杠杆市、投机市，监管机构于 2015 年开始进行去杠杆调控，从钻了实名制账户空子、以较高杠杆率复制了场内保证金交易机制的场外配资及以较高权益比例进行了优先级劣后级分层的伞形信托开始清理。去配资杠杆，也触发了证券价格下跌与投行处分证券之间的循环多米诺骨牌效应，将同样以质押证券为融资担保物，或对证券收益进行了优先级劣后级分层的分级基金、分级资管、股票质押及收益互换业务均裹挟其中。

第二节　金融机构意定信用风险分配的成因

自 2010 年开始的金融监管创新，与此前三个阶段中监管机构的市场激励措施的效果异曲同工。发轫于企业公司化背景的我国现行证券法律制度的格局，是在自 1986 年到 2005 年的初创、规范化及股改三大阶段及每个阶段内部的"刺激-泡沫-治理"周期内形成的。基于每个周期内对证券市场的主要激励措施、产生的主要问题及化解问题的监管措施的不同，形成了现行证券法律制度的基本结构、局限性及独特的周期性。尽管自 2005 年证券市场已经进入全流通时代，自 2010 年开始了密集的监管创新，但这种周期性仍旧存续，并对 2015 年的股价大跌及市场紊乱具有关键性的影响。

表三　证券法的四阶段

阶段划分	起讫时间	企业公司化标志性进程	证券法四阶段的形成		
			投机/事件	调控式监管	正式规则
初创阶段	1986~1994	股份制试点公司化扩容	股份热（1988）及扩容后低迷（1993）	1994 年三大救市政策	《禁止欺诈行为暂行办法》
规范化阶段	1995~1998	国企改革抓大放小（1995）	券商及交易所操纵盛行（1996）	1996 年评论员文章、12 道金牌	《证券法》（1998）

续表

阶段划分	起讫时间	企业公司化标志性进程	证券法四阶段的形成		
			投机/事件	调控式监管	正式规则
股改阶段	1999~2005	1999年国有股配售~2005年股改	委托理财热、券商挪用、基金黑幕。	2004年清理、重组券商、基金。	《证券法》（2005）
全流通阶段	2005~	-	投行穿透证券信用交易监管（2013~2015）。	禁伞型信托、分级基金、砍对接（2015）。	股票质押回购及最严资管新规(2016)。

　　在证券市场的初创、规范化及股改三个阶段中，证券市场的发展目标及发展效果均具有递进性。随着企业公司化三大主要问题即股份制确立、国有企业复兴及股权分置改革问题的逐步解决，证券市场初创阶段"新股必赚"的投机热潮，国企复兴阶段大股东、券商操纵股市及交易所托市，股改阶段上市公司委托理财热、券商挪用客户券资、操纵股市及基金黑幕等问题也不断被治理。尤以调控式监管的频繁应用为主要特征。正式规则如1993年《禁止证券欺诈行为暂行办法》（以下简称《禁止欺诈办法》）、1998年及2005年《证券法》，则汇总式地对每个阶段的主要问题予以回应。

表四 证券法"刺激–泡沫–治理"周期的形成及对证券信用交易规则的选择性不发展

周期	刺激期	泡沫期	治理期		
			监管	立法	波动
初创阶段 （1986~1994）	股份制及扩容、《共商发展稳定措施》	新股认购热，场外、黑市交易盛行，股东会中心主义。	规范发行、建国有券商。停发新股、券商筹资、建合资基金三大政策。	《禁止欺诈办法》未规定信用交易，禁止集中资金、信息优势操纵市场及内部人内幕交易。	"七二九"后，市场低迷。
规范化阶段 （1995~1998）	屡降交易佣金、建基金公司、配股。	1996年券商、基金操纵，1998年四庄操纵亿安科技。	1996年评论员文章，禁止券商信用交易等12道金牌、停国债期货交易。	《证券法》严禁银行济金违规入市，券商账户规范化，禁止做空。契约型封闭式基金建立。	1996年底市场沉寂至1999年。
股改阶段 （1999~2005）	"五一九"行情，券商质押贷款获批、机构入市。	基金操纵，百家券商陷委托理财黑洞，董事会中心主义确立。	要求券商返还挪用资金。救助、清理券商并开通集合资管，应对券商行业危机。	资管合同意定，《证券法》以不确定性规则为两融留下空间、操纵规则延续1998年法，禁止银行资金违规入市。	2001年市场沉寂至新法出台。

在初创阶段，自1986年深圳股份制试点开始，深圳银行制定了慷慨的分红计划，地方政府鼓励股份发行及场外交易。到1990年，股价暴涨了6倍，引发新股发行认购热，场外交易及黑市交易也非常盛行。1993年，建立全国性的现代企业制度的目标确立，股市迅速扩容，市场随之低迷。1994年证监会救市引发"七二九"股市波动，三大政策随即出台，之后两交所股

指上涨 33. 46%。[1]

为规范这两轮刺激之后的投机热，1993 年《禁止欺诈办法》规定禁止证券发行、交易及相关活动中的内幕交易、市场操纵及欺诈客户等行为。这一阶段，证券市场中尚无信用交易，《禁止欺诈办法》未对证券信用交易作出规定。但由于场外及黑市交易盛行，投机交易狂热，《禁止欺诈办法》禁止了集中资金、散布谣言、虚假或连续交易及利用职务操纵股市的行为，亦禁止做空的行为。中国人民银行发布的《证券公司管理暂行办法》对券商操纵股市仅作了一条原则性的规定，未规定客户资金登记、结算及托管等制度。自 1992 年中华人民共和国经济体制改革委员会发布《股份有限公司规范意见》开始，上市公司股东会中心主义已见端倪。[2]同年新股发行中，发行方及政府公务人员串通私买及私售股份发行认购证，引起轩然大波。[3]因而《禁止欺诈办法》将内幕交易主体确定为董、监、高等传统内部人，及通过其会员地位、管理地位、监督地位和职业地位，或者作为雇员、专业顾问履行职务，能够接触或者获得内幕信息的人员即临时内部人。

在规范化阶段，自 1996 年 4 月，股票交易佣金及年费等调低，深圳证券交易所（以下简称深交所）及上海证券交易所（以下简称上交所）在竞争中以自有资金托市并放松了对券商操

---

〔1〕 1994 年 7 月 28 日《证监会与国务院有关部门共商稳定和发展股票市场的措施》引发"七二九"股市波动。股市暴跌 8.43%，次日上指跌至 325 点。7 月 30 日，监管部门推出"停发新股、允许券商融资、成立中外合资基金"三大政策救市。

〔2〕 1992 年中华人民共和国经济体制改革委员会《股份有限公司规范意见》第 62 条规定，董事和经理对公司负有诚信和勤勉的义务，不得从事与本公司有竞争或损害本公司利益的活动。

〔3〕 参见"深圳 8.10 抢购股票事件始末"，载 http://news.cnstock.com/news, jd-zgzqscdsj-baodaohuigu-201406-3078186.htm，最后访问日期：2016 年 12 月 31 日。

作行为的规范。股市在操纵中迎来大涨。[1]为遏制投机，监管部门自 1996 年 10 月连发"12 道金牌"，禁止证券信用交易及市场操纵。[2]该年 12 月《正确认识当前股票市场》的特约评论员文章发布，指出股市存在严重投机，应高度警惕其可能造成的风险。[3]随着 1996 年 12 月监管措施的奏效及 1997 年亚洲金融危机的影响，1997 年股市陷入低迷。1998 年监管部门再次降低证券交易印花税，中国人民银行三次降息，试图复苏市场。

在这一阶段的两轮刺激中，从 1996 年 4 月开始，广发证券、海通证券、深发展原证券营业厅、中国人保信托旗下券商及南山基金等，分别集中资金优势开设多个账户炒作股票。广东新盛等四家投资顾问公司即四庄，于 1998 年 10 月开始操纵亿安科技股价。[4]面对严重的庄股操纵，1998 年《证券法》的市场操

〔1〕 从 1996 年 1 月开始，股票价格和股票指数上涨，开户的股民达到 1000 万，交易量则上涨了 5 倍。CSRC, China Securities and Futures Statistical Yearbook, 2008, p. 6.

〔2〕 1996 年 10 月 22 日证监会发言人重申，证券经营机构不得在股票代理买卖业务中从事信用交易。11 月 1 日中国证监会发出《关于严禁操纵证券市场行为的通知》。自 10 月 22 日到 11 月 13 日，证监会共发布 12 项治理投机、严禁操纵、规范券商、监管监察等方面的规则，被合称为"12 道金牌"。

〔3〕 1996 年 12 月 16 日《正确认识当前股票市场》的特约评论员文章指出，1996 年 4 月 1 日至 12 月 9 日，上指暴涨 120%，深指暴涨 340%，新增投资者开户数 800 多万、总数超过 2100 万是不正常和非理性的。参见人民日报特约评论员："正确认识当前股票市场"，新华社北京 1996 年 12 月 16 日，第 1 版（该评论之后 8 天内，上指暴跌约 31%，深指暴跌约 38%）。

〔4〕 自 1996 年 4 月，广发证券集中资金，以 153 个个人名义开设自营账户炒作南油物业股票；北京金昌投资咨询服务公司等，集中资金合谋炒作郑百文公司股票；海通证券、深发展原证券营业部及南山基金等，分别集中资金优势，炒作上海石化、深发展、国际大厦股票。证监发字〔1996〕65 号等。1998 年 10 月 5 日起，四家咨询公司集中资金优势，利用 627 个个人股票账户及 3 个法人股票账户，大量买入"深锦兴"（后更名为"亿安科技"）股票，被称为"四庄操纵亿安科技"。证监罚字〔2001〕7 号。

纵规则比起 1993 年《禁止欺诈办法》有了较大进展，增加了利用持股优势及自买自卖两种价量操纵及利用信息优势操纵的规定。同时，禁止券商出借账户，要求券商经纪与自营业务分业管理，增加对客户的证券、资金及交易结算资金单户的管理，并严格限制了券商自营业务的资金来源。同时，由于股东中心主义治理结构下的关联交易等问题已经非常突出，1998 年《证券法》还将 1993 年《禁止欺诈办法》规定的传统内部人扩展至持股 5%以上的大股东，但再无新的突破。这一阶段的《证券法》仍严格禁止证券信用交易及银行资金违规流入股市。但这些规定没能抵御股改阶段配股等监管激励措施的冲击。1997 年为复兴股市而建立的老基金，以封闭式契约型基金为主，为基金黑幕埋下了隐患。[1]

在股改阶段，1999 年"五一九"大涨行情直至 2001 年才结束。[2] 1999 年到 2002 年，监管机构及产业部门三次推动国有股政策性减持，均以向二级市场投资者配股为减持方式。[3]但投资者仅有国债回购一种方式可融资融券，由此推动国债回购热及国债大涨。亟需资金的上市公司亦委托券商理财，券商以

---

〔1〕《证券投资基金管理暂行办法》规定的基金运作模式，一般被认为是不利于基金持有人约束基金管理人的契约型基金结构，因基金持有人份额分散，不易达到基金单位份额的 50%，而基金托管人代表基金持有人向管理人行权，则具有典型的双重代理特征，实际意义不大。1997 年《证券投资基金管理暂行办法》第 2 条和第 27 条等规定。

〔2〕 1999 年 6 月 15 日人民日报特约评论员社论《坚定信心规范发展》："近期股市反映了宏观经济发展的实际状况和市场运行的内在要求，是正常的恢复性上升。"载《人民日报》1999 年 6 月 15 日，第 1 版。"六一五"社论引发"五一九"行情。

〔3〕 2000 年 2 月 13 日，证监会发布《关于向二级市场投资者配售新股有关问题的通知》；5 月 20 日证监会发布《关于向二级市场投资者配售新股有关问题的补充通知》；10 月 8 日，中华人民共和国国务院经济体制改革办公室将国有股配售正式列为国有股减持的五大方式之一。

收益保本的"保险柜协议"争相获得委托，但券商的融资、融券渠道也相当匮乏。于是券商利用国债回购业务以券商席位结算，难以区分券商与客户资金的制度漏洞，挪用客户保证金和证券。至2004年德隆系倒塌，百余家券商陷入委托理财纠纷。同一阶段基金操纵严重，直到基金黑幕被曝光。

为遏制市场投机、治理券商行业危机及基金黑幕，监管部门建立了更为严格的客户交易和结算资金管理规定及基金高管管理办法，于2004年到2005年救助、清理不规范操作的券商，密集出台了券商短期融资、债券管理及集合资管的规定，拓宽券商融资渠道。[1]针对这一阶段的主要问题，2005年出台的《证券法》吸收了监管机构对券商客户资金、证券的托管、登记及结算等方面的规定，券商物理防火墙基本建立。同时，2005年《证券法》突破内幕交易传统内部人的规定，但也仅增加了对"非法获取内幕信息者"的责任认定；市场操纵规则完全延续了1998年《证券法》。

在证券信用交易方面，2005年《证券法》延续了1998年《证券法》"严禁银行资金违规流入股市"的规定。同时，面对国有股减持中，投资者及券商由于融资融券渠道匮乏而推动国债回购热潮，在国债回购及上市公司委托理财业务中，券商又因融资融券渠道匮乏而挪用客户证券及保证金，并最终陷入全

---

〔1〕 2000年6月证监会发布《关于申银万国证券股份有限公司等81家证券公司归还所挪用客户交易结算资金方案的批复》；2001年《客户交易和结算资金的管理办法》出台；2004年中国证券登记结算有限公司《关于加强债券回购业务结算风险管理的通知》严防挪用客户资金和证券；2004年证监会《证券投资基金行业高级管理人员任职管理办法》出台，应对基金黑幕；《证券公司短期融资券管理办法》、《关于修改〈证券公司债券管理暂行办法〉的决定》及《关于证券公司开展集合资产管理业务有关问题的通知》出台。

行业危机，2005 年《证券法》为券商两融业务留下空间。该法规定"证券公司为客户买卖证券提供融资融券服务，应当按照国务院的规定并经国务院证券监督管理机构批准"，因而是以不确定性规则为券商打开了两融业务空间。基金黑幕中，2003 年《中华人民共和国证券投资基金法》（以下简称为《基金法》）出台，基金管理人规范较《证券投资基金管理暂行办法》更为完善，但其延续了契约型基金模式，基金持有人权利易腐问题未解决，该问题直到 2013 年《基金法》及其 2015 年修订案中，仍存在。[1]

综上，在我国证券市场的初创、规范化及股改三个阶段中形成的证券法律制度，呈现出"刺激-泡沫-治理"的周期性特征，且始终围绕着繁荣资本市场与投机市泡沫治理这两个极具张力又同根同源的问题展开。监管机构为繁荣资本市场而采取的激励措施，以及投机市形成之后的泡沫治理手段，均成为市场及证券法律制度的走向的重要决定因素。

如初创阶段地方政府对场外交易的鼓励，规范化阶段监管机构为股市扩容及复兴资本市场而在一定程度上对券商及交易所的操纵行为的放任，奠定了 1993 年《禁止欺诈办法》及 1998 年《证券法》规制价量操纵及信息操纵并禁止做空的证券法基本格局，那么 2005 年《证券法》则延续了 1998 年法的规定。再如，在 1996 年监管部门下调交易佣金、启动股市复兴计划，及 1999 年"六一五"评论员文章鼓励股市发展并开始国有股减

---

〔1〕 2013 年《基金法》（及 2015 年修订案）与 2003 年《基金法》相比，仅在附则中以"公司"二字进行了模糊表述，使得公司型基金在立法中虽留有空隙但又并未在立法中得以明确其法律地位。参见楼晓："我国公司型基金治理结构的构建之路———以美国共同基金治理结构为视角"，载《法学评论》2013 年第 6 期。

持的两轮刺激中，由于银行资金在庄股操纵及券商筹资中若隐若现，因而1998年《证券法》及2005年《证券法》均禁止银行资金违规入市，并对证券融资业务采取了极为谨慎的态度。又如初创阶段，在股票回报率高及默许地方政府场外发行证券的激励措施之后，1993年《禁止欺诈办法》对证券发行及交易市场的规制，基本奠定了1998年《证券法》仅认定传统内部人及临时内部人的内幕交易责任的格局，2005年《证券法》仅在"非法获取内幕信息者"的责任认定上作了一点突破。

同时，在各阶段的"刺激-泡沫-治理"周期中，监管调控的作用已经非常重要。如在股市低迷，需要复兴或扩容时，往往先由监管部门放松交易佣金、降低存款准备金或批准券商证券质押业务激励股市发展。在股市投机严重，需要去泡沫时，也先由监管部门通过特约评论员文章、密集出台监管措施、清理整顿违规市场主体或关停市场等方式治理投机。甚至在各阶段，治理投机及去泡沫的手段都较为相似。如股改阶段放开券商两融、引入机构投资者及建立多层次资本市场，与1994年三大救市政策中的允许券商筹资及建立合资基金公司，虽相隔整整20年，但治理手段却非常相似。再如三个阶段，监管机构对投机市中出现的证券信用交易及银行资金违规入市均一禁了之。

与监管调控之重要性形成对比的，是证券法正式法律制度的自我发展及完善受到了阻碍，形成实质上的证券信用交易规则被选择性不发展或依据不确定性规则缓慢发展的结果。实际上，我国证券法在证券市场初创、规范化及全流通三个阶段内，始终缺乏容许及规范市场主体依托金融机构及敏感性金融资产、进行复杂信用交易并分配信用风险的法律途径及解决此类问题的法律基因。基本上券商融资、银行资金入市及做空交易，只要一出现即被严格禁止。1993 年"三大政策"允许券商筹资，1996 年两交所（上交所和深交所）托市，仅是特殊情况下为繁荣市场所需。直到 2004 年券商因不具备合法的融资融券资格，而深陷国债回购的全行业危机时，券商短期融资、发行债券及客户资管三项业务才被许可。但融券业务仍未放开，做空也仍旧被视为严重的市场操纵。

同时，我国在"刺激-泡沫-治理"周期内形成的证券法，又深深契合于我国证券市场阶段性发展的核心问题，即需要在证券市场的初创、规范化及股改三个阶段内，通过资本市场的建立、繁荣及复兴实现和促进资本形成；也需要解决随之出现的投机和泡沫；还需要在市场冷却后，向下一轮市场扩容的目标平稳推进。也正是沿着这一周期性运动的轨迹，2010 年金融监管创新不期而至，2013 年到 2015 年达到高潮，并酿成股市波动。

自 2010 年金融监管创新到 2015 年投机治理，比以往任何一次都更凸显出我国在"刺激-泡沫-治理"周期内形成的证券法对监管的依赖性。如监管部门对令市场风声鹤唳的恶性做空即跨市场操纵给予重拳打击却饱受争议。其原因即在于《中华人民共和国刑法》（以下简称《刑法》）第 182 条规定的操纵证券、期货市场罪仅包括连续交易、洗售、相对委托等类型，"以其他方法操纵证券、期货市场"的兜底条款无法对跨市场操纵的实质及模式给予确定性回答。《证券法》仅规定了价量操纵及信息操纵，[1]《期货交易管理条例》对市场操纵的规定在类型及法律用语上都与《证券法》相似，[2]也无跨市场操纵的规

---

[1] 《证券法》第 55 条。
[2] 《期货交易管理条例》第 39 条和第 70 条。

定。因而，监管部门提出的恶性做空在《证券法》和《刑法》上都不属于严格的法律用语。再如证监会对恒生等三家网络运营公司的行政处罚告知书中明确列出的处罚依据，是恒生等网络运营公司向不具有证券经营资质的客户（配资公司）提供了具有子账户开立、委托交易、存储、查询、清算等多种证券业务属性功能的软件及相关服务，违反《证券法》第118条第2款及第202条，违法经营证券业务并触犯非法经营证券业务罪。然而，该行政处罚告知书对恒生等网络运营公司与配资公司存在何种违法经营证券业务的共谋或过失并无任何说明。但实际上，违法经营证券业务的是无证券经营资质的配资公司。恒生等网络运营公司，仅是具有配资分仓业务功能的交易软件的供应商。这样看来，恒生等网络运营公司更有可能涉及的违法行为是分拆及出借账户，即违反了账户实名制。《证券法》仅禁止了法人的账户出借行为且法律责任不明确，自然人不受此限制。所以，证监会依据非法经营证券业务罪对恒生等网络运营公司的处罚，也被认为是在往法律责任更重的罪名上强凑。[1]

同时，自2010年到2015年的金融监管创新及投机治理也比以往任何一次都更凸显出对监管的依赖性、对证券法自我发展的阻却作用，尤其是导致证券信用交易规则实质上不发展之结果。在前三个禁止融资、融券及做空的市场阶段内，建立系统性的保证金交易规则、场外证券融资交易规则及跨市场操纵规则，并不具有市场基础。然而，在本轮金融监管创新中，券商两融、衍生品交易、结构化信托、分级基金及分级资管放开，证券质押及收益互换规则密集出台，银证结合与分级资管等对

---

〔1〕 参见缪音知：“证券交易场外配资清理整顿活动之反思”，载《法学》2016年第1期。

接，仍无系统性的场外证券融资规则、做空规则及跨市场操纵规则，则无异于容许"千军万马"搭建具有系统脆弱性的投机市及杠杆市，并吸引一场市场操纵的盛宴。因而，2010年到2015年，证券信用交易的发展及治理，对我国证券法缺乏规制证券信用交易的法律途径及解决相关问题的法律基因的呈现，更类似于证券法的"刺激-泡沫-治理"周期在金融监管创新之后的一次自我演进。

综上，我国《证券法》在证券市场的初创、规范化及股改阶段，以"一禁了之"的方式不发展证券信用交易规则；在股改完成、全流通时代来临之后，依据不确定性规则，规制及发展证券信用交易。这一逻辑导致我国《证券法》始终无统一的券商及非券商的保证金交易规则、场外证券融资交易规则、做空及跨市场操纵规则。证券信用交易法律规则的缺失，为金融监管创新中，融出资金的各类投行获取质押证券等敏感性金融资产的处分权、进行意定的信用风险分配、决定敏感性金融资产的折价方式及折价水平提供了合法空间。

这也成为我国《证券法》在规制金融监管创新中的证券信用交易的过程中所形成的悖论。投行在2015年之前以意定掠夺式信用风险分配、累积场内及场外证券信用交易杠杆、导致市场在监管机构去杠杆过程中发生震荡实际上是证券法规制证券信用交易之悖论的必然结果。如果不去反思证券法规制证券信用交易的无效以及不受规制的证券信用交易与证券市场动荡及金融危机之间的因果关联，那么金融监管创新对证券信用交易规制的放松、投机加剧后监管的加强，及二者之间的"治乱循环"不但具有合理性，而且可能成为复兴股市、促进资本形成的不可或缺的途径。如前述，2010年开启的金融监管创新中，密集出台的监管规则赋予了投行意定的信用风险分配权。然而，在监管机构对证券信用交易规则的差异性构建中，投行意定信用风险分配的核心机制即质押证券等敏感性金融资产的折价机制并未被触及。相关规则与监管机构出台新规之前的规则并无实质性差异。

值得庆幸的是，在前三个阶段的证券市场发展中，除了始终受到抑制的证券信用交易及投行风险分配规则之外，我国证券法律制度仍具有自我发展的基因。如前述，在证券市场的初创、规范化及股改三个阶段每次显著的投机市之后，针对市场中出现的主要问题，证券法律制度均会依据不具有可逆性的市场结构的形成做出较大的调整。

因而，监管调控之后的反思及法律发展，即究竟是在证券法规制证券信用交易的悖论中由投行决定证券信用交易的风险分配机制，待场内及场外信用交易杠杆及泡沫形成后，再由监管机构"暴力"解杠杆、挤泡沫，还是由正式法律规则设定证券信用交易的风险分配机制，解决证券信用交易规制悖论，平稳发展证券信用交易，才是金融创新及监管创新的"破坏性创造"作用的关键。

第二章
证券信用交易风险分配规则

第一节　资本市场产权理论

证券信用交易本质上是以证券的预期风险型收益支持融资杠杆，在资金融入方的股权收益基础上附加来自资金融出方的债权约束的交易。因而，证券信用交易结构是由资金融入方的股权交易结构与资金融出方的债权交易结构构成的双重产权结构。证券信用交易制度应成为对这一双重产权结构，做出规则确定性安排的制度。

资本市场产权理论提出，在资本市场复杂的经济交往中，资产及资金的供给者及需求者是通过固定、利用及转移与资产相关的所有权利的制度即产权制度，来实现其经济参与的。固定、利用及转移资产的所有权利的集合，构成资本市场经济参与者的产权。产权是复杂经济中实现多元经济主体的资产授权及交易的机制。如多层级投资者获得的票据等资产的分期收益就属典型的产权形式。[1]

市场主体间围绕产权交易的约定即投资合同是首要的产权制度。资本市场产权安排的运行结果与不包含期权合同的商品交易的产权安排的运行结果有非常大的差异。由于投资合同是记载资产在市场交易中的时间价值的风险收益合同，[2]因而，投资合同中约定的投行与投资者的投资风险收益具有可变性，其每经过市场信息过滤后，就会发生新的变化。如证券价格涨跌的信息会对投资者的风险收益产生非常大的影响。我国《证券法》、《基金法》、美国《证券交易法》及《投资公司法》等规定的股票、债券、基金、资管及理财计划等投资合同，都是记录投行与投资者之间的可变权利与义务的载体。[3]

因而，尽管对产权理论的关注已滥觞于科斯在《社会成本问题》中提出"产权的归属、实施及转让，影响资源分配及分配的结果"，[4]资本市场产权理论仍填补了在证券投资市场尤其是证券信用交易市场越来越活跃之后，确定投行与投资者之间

---

〔1〕　See Alan D. Morrison, William J. Wilhelm, Jr. , *Investment Banking：Institutions, Politics, and Law*, Oxford University Press, 2007, p. viii, p. 41.

〔2〕　投资合同概念可参考默菲大法官在证券交易委员会诉豪威公司案（SEC v. Howey. Co. ）中给出的界定，证券法中的投资合同是指某人用其钱财投资于一项共同的事业，但不直接参与经营而仅期待凭借发起人或第三方的努力获取利润的合同、交易或计划。SEC v. Howey Co. , 328 U. S. 293（1946）. See Irving Fisher, *The Theory of Interest*, As Determined by Impatience to Spend Income and Opportunity of Invest It, Macmillan, 1970, p. 13.

〔3〕　股票是公司签发的证明股东所持股份的凭证；公司债券是指公司依照法定程序发行，约定在一定期限还本付息的有价证券。证券投资基金是由基金管理人管理、基金托管人托管、为基金份额持有人的利益进行的证券投资活动。《中华人民共和国公司法》第125条、第153条，《基金法》第2条。投资合同概念，同本页引用〔2〕。

〔4〕　See R. H. Coase, "The Problem of Social Cost", *Journal of Law and Economics*, Vol. 3, 1960, p. 1.

的可变合同权利的制度的运行效果的空白。依据资本市场产权理论，确定投行与客户之间的可变合同权利的制度即产权制度，可能是正式法律制度的一部分，也可能是投行与投资者之间的约定。如在证券信用交易中，投行与其客户的产权关系是通过法定或投行意定的信用交易安排固定下来的。

依据证券信用交易以证券的预期风险收益支持资金融出方与证券持有者或预期持有者之间的融资杠杆的双重产权结构，资金融出方投行与资金融入方投资者之间的融资合同会对投资者证券的预期风险收益产生刚性的债权约束。在证券信用交易的双重产权结构中，是由资金融出方融资的杠杆、证券风险收益占融资杠杆的比例即证券质押率、资金融出方对质押证券等金融担保资产的优先处分权，建立了证券信用交易的债权结构与股权结构的实质性关联。例如场内保证金交易规则，以初始保证金与维持保证金的比例以及资金融出方在平仓线上的强制平仓权为主要的制度设计，其确定了保证金交易的融资杠杆及证券质押率。再如，股票质押回购业务资金融出方与融入方协商确定的证券质押率，及资金融入方无法完成回购时，资金融出方对质押证券的强制处分为主要的制度设计，其可以确定融资杠杆及质押证券的折价幅度。又如分级基金等结构化融资业务，以证券投资组合优先级与劣后级收益的比例，及劣后级份额下折时优先级对母基金投资组合的处分为主要的制度设计，其可以确定交易中劣后级对优先级的隐性担保比例，以及由该隐含着的隐性担保比例决定的证券投资组合的折价幅度。因而，资金融出方融资的杠杆、证券风险收益占融资杠杆的比例即证券质押率、资金融出方对质押证券等金融担保资产的优先处分权，亦建立了证券信用交易中资金融出方投行的债权性收入与资金融入方投资者的证券的投资风险收益之间的实质性关联。

不仅如此，如前述，资金融出方融资的杠杆、证券风险收益占融资杠杆的比例即证券质押率、资金融出方对质押证券等金融担保资产的优先处分权，同时也是资金融出方投行在证券信用交易中进行风险分配的核心机制。因而，在证券信用交易的双重产权结构中，是资金融出方投行进行风险分配的核心机制决定了资金融出方与融入方的债权结构对投资者证券的预期风险收益的约束。

资金融出方债权的提前实现须处分用于支持融资杠杆的质押证券等金融担保资产会诱发金融担保资产的折价，如保证金交易及股票质押业务中，质押证券因资金融出方的强制处分而折价；分级金融工具中，证券或证券的投资组合因权益类投资优先级的强制处分而折价。对金融担保资产的处分越集中，金融担保资产的折价就会越明显。易言之，质押证券等金融担保资产的担保功能，在金融担保资产被强制处分时，亦会形成此类资产的折价机制。融资杠杆、证券质押率及资金融出方对质押证券等金融担保资产的强制处分权，既是证券信用交易中金融担保资产之担保功能的核心构成要素，同时也决定着金融担保资产折价的水平及方式。

因而，一方面，真正建立证券信用交易之债权结构与股权结构的双重产权结构的实质性关联的是质押证券等金融担保资产的担保功能及折价机制。另一方面，证券信用交易，也就相当于在投资者证券的投资风险收益的基础上，附加了以融资杠杆及证券质押率为基础、通过资金融出方对质押证券等金融担保资产的强制处分权的行使而启动的金融担保资产折价机制。

资金融出方投行意定的融资杠杆、证券质押率及投行对质押证券等金融担保资产的优先处分权，不仅是投行核心的风险分配工具及质押证券折价机制的核心要素，而且会不断产生新的让证券价格对市场信息更为敏感的折价信息。因为记载在各类投资合同中的资本市场产权安排具有共通属性，即交易双方的产权安排，每经过市场信息过滤后会重新形成双方新的资产风险收益及新的市场信息。[1]所以，当投行强制平仓或出售证券或证券投资组合回流资金时，不仅会导致质押证券等敏感性金融资产的折价，而且该折价在证券市场中又会转变为证券价格下跌的信息。该信息继续过滤证券信用交易原有的产权安排后，又会产生新的证券折价信息，形成循环折价效应。

综上，证券信用交易是一种让投资者的证券投资收益在附加了证券信用交易的风险分配机制之后，即相当于附加了证券折价机制且对市场信息更具持续敏感性的制度安排。因而，证券信用交易的风险分配机制，即证券信用交易的融资杠杆、质押证券等金融担保资产的质押率及投行对金融担保资产的优先处分权，应成为证券信用交易的双重产权结构中具有确定性的核心的制度安排。易言之，不论是由投行意定，还是由正式法律规则规定，证券信用交易制度都应成为对证券信用交易的双重产权结构及位于该双重产权结构之中心的信用风险分配机制作出规则确定性安排的制度。

---

[1] See Irving Fisher, *The Theory of Interest*, *As Determined by Impatience to Spend Income and Opportunity of Invest It*, Macmillan, 1970, p. 13；Also see Alan D. Morrison, William J. Wilhelm, Jr. , *Investment Banking*：*Institutions*, *Politics*, *and Law*, Oxford University Press, 2007, p. 41.

第二节　信用风险分配规则

在证券信用交易中，投行意定的信用风险分配往往导致质押证券等敏感性金融资产发生深不见底的折价、诱发资本市场动荡甚至金融危机。这实际上是证券信用交易的双重产权结构，是以融资杠杆、证券质押率及资金融出方对质押证券等敏感性金融资产的优先处分权，也即证券的担保功能与折价机制建立了实质性关联的必然结果。如前述，证券信用交易是以证券的预期风险收益为基础，在资金融入方的股权收益基础上，附加了来自资金融出方的债权约束的交易。然而，资金融出方与资金融入方的交易逻辑是不同的。

资金融出方的交易，以债权实现即资金回流为目标，具有短期交易偏好。资金融入方即投资者以获取证券的风险收益为目标，须依据市场信息进行交易。因而，资金融出方尤其是聚合他人资财、代人理财或进行资产管理的投行，对资金安全、快速、稳定地回流到资金融出方账户的要求更高。资金融入方即投资者，则主要以市场信息决定买入或持有证券的期间。

证券信用交易作为二者的结合，把资金融出方的债权实现，附加于投资者的证券投资收益之上，让资金融出方可以在证券投资收益中分到固定的"一杯羹"。因而，在资金融出方与投资者约定的证券融资安排中证券质押率越高，相当于资金融出方可以从证券投资收益中获得的收益分成越高。高质押率支持的高融资杠杆及信用风险，则通过资金融出方对质押证券等金融担保资产的优先处分权的行使而予以降低。

然而，高质押率、高融资杠杆与资金融出方对质押证券等敏感性金融资产的优先处分权的结合，即相当于让资金融出方控制了质押证券折价机制的引擎。融资杠杆或证券质押率越高，强制处分敏感性金融资产的平仓线就需要设计得越低，从而保证资金融出方的资金安全，质押证券等敏感性金融资产的折价机制就可能越早被启动，且其折价幅度也越高；反之亦然。

因而，证券信用交易的风险分配机制如果由投行来确定，则会普遍具有高融资杠杆、高质押率及投行享有质押证券等敏感性金融资产的优先处分权的特点。实际上，即使是场内保证金交易规则通过初始保证金与维持保证金的比例确定的融资杠杆及证券质押率，也需要依据证券在不同时期内的风险收益水平进行反复调整，才能找到资金融出方的债权实现、投资者的证券风险收益与证券折价机制三者之间的平衡。然而，投行享有质押证券等敏感性金融资产的优先处分权，可以保证融出资金的稳定回流，其并无寻找此种平衡的激励。更何况在证券信用交易市场内，资金融出方的相互竞争会形成融资杠杆率竞争。资金融入方亦希望用更少的本金获得更高的证券投资收益，其也会加剧资金融出方之间的竞争。

所以，资本市场产权安排对证券信用交易的主要约束是投行与投资者之间的产权安排的核心，即信用交易杠杆及质押证券等金融担保资产的折价幅度应当由法律予以固定。易言之，证券信用交易的风险分配机制应当是以法律固定下来的具有规则确定性的产权安排，不能由投行意定。实际上，投行意定的风险分配所引起的证券信用交易危机至少包括美国 2008 年金融危机及我国 2015 年股价大跌。两次危机的酝酿及成因也具有惊人的相似性。

美国 2008 年如同病毒一般蔓延的证券融资回购协议危机与

我国 2015 年场外配资被清理后，股票质押回购的资金融入方爆仓及股价下跌非常相似。二者的形成过程，均为资金融出方与融入方约定了较高的质押率，当股价波动时，资金融出方行使质押证券的优先处分权与股价下跌之间形成了循环多米诺骨牌效应。证券融资回购协议在美国证券融资市场及政府债券融资市场中所占份额非常大，自固定收入清算公司、摩根大通银行及纽约银行引入这种短期融资交易模式后已运行了 30 多年。2007 年次贷危机之后，亟需资金的各类投行亦通过证券融资回购协议获得资本市场短期融资。证券融资回购协议中的质押证券在对冲基金、证券公司、货币市场基金及其互换对手方之间被顺次质押了四次，质押率高达 300%。较高的质押率相当于以质押证券支持了较高的融资杠杆。同时，在这几类投行的证券融资回购协议中，均含有一条允许合同一方随时终止回购协议，并在相对方未及时还款时处分质押证券的规定。该规定被视为质押证券深陷折价循环，并不断触发更大范围危机的关键。因而，证券融资回购协议的质押证券折价危机，被认为是更严重的、具有病毒蔓延式效果的危机。[1]

同时，在美国 2008 年金融危机及我国 2015 年股市动荡中，都存在大量滥用性做空及市场操纵等证券欺诈行为。证券信用交易危机与滥用性做空及市场操纵同时爆发的原因在资本市场产权理论视角下也较为清晰。投资合同所记载的证券风险收益向客户实际收益转变的过程，是在投资合同期限内由市场中的信息重新确定证券投资收益的过程；与此同时，证券信用交易是让投资者的证券投资收益对市场内的信息更为敏感的交易。

---

〔1〕　Manmohan Singh, James Aitken, The (Sizable) Role of Rehypothecation in the Shadow Banking System, IMF Working Paper, no. WP/10/172, 2010.

因而，当以高融资杠杆及高证券质押率为基础的证券信用交易危机开始酝酿或爆发时，滥用性做空及市场操纵等产生误导其他交易者的虚假信息的行为，更能够以小博大、有利可图。

因而，自 2010 年金融监管创新到 2015 年投机治理周期内形成的股市动荡，实际上是在监管创新中证券法对证券信用交易规则的选择性不发展或依据不确定性规则发展纵容了投行意定风险分配的必然结果。投行意定的证券信用交易风险分配的核心机制，即由融资杠杆放大或缩小的质押证券等金融担保资产的折价机制及其所具有的信息功能是投行意定风险分配导致深不见底的证券折价直至诱发危机的根源。以此为基础，金融监管创新及投机治理分别对证券信用交易的市场型风险分配及融资杠杆和泡沫形成进行顺周期推动和逆周期调整。监管周期与证券市场的周期性震荡，亦具有协同作用的效果。

要解决我国证券法在监管周期中形成的证券信用交易规则的反复性及不可预期性，就需要建立证券信用交易风险分配的规制范式，即通过固定场内证券信用交易及场外证券融资交易的融资杠杆、质押证券等金融担保资产的质押率及资金融出方对金融担保资产的处分权，让投行的风险分配机制及其形成的金融担保资产折价及折价信息均具有可控性。相比起我国监管机构在"刺激-泡沫-治理"周期内，以放开或激励场内及场外的证券信用交易为开端，在泡沫形成后，以禁止同种信用交易为终局的震荡循环，建立证券信用交易风险分配的规制范式，在解决证券信用交易繁荣股市但催生泡沫的问题上更具根本性。同时，证券信用交易风险分配规制范式，也可以避免证券信用交易规制须依赖监管，但监管措施又可能于法无据的尴尬。实际上，与我国 2015 年股价大跌在酝酿过程及成因上都极为相似的美国 2008 年证券融资回购协议危机，在场外证券短期融资的信用交易规制方面也经历了从无到有，对证券公司、银行及非银行金融机构的融资杠杆及质押证券等金融担保资产的折价幅度逐步规制的过程。与此同时，美国对市场操纵规则的修订及完善，也说明规制投行意定的信用风险分配背后蕴含着让证券折价信息可控的目标。

　　综上，资本市场产权理论揭示出证券信用交易资金融出方的债权性收益与资金融入方证券的投资风险收益，是以证券等金融担保资产的担保功能及循环折价机制建立的实质性关联。因而，其也为投行意定风险分配需转变为法定风险分配提供了正当性基础。证券信用交易风险分配规则的建立，既是增加资本市场产权制度的可预期性及稳定性的关键，也是跳出"刺激-泡沫-治理"周期，平稳实现资本形成及投资者权利的必经之路。

第三章
我国金融创新中证券信用交易风险分配规制的进路

好的产权制度应当能约束人们相互的交往结构，促进经济发展，也能帮助人们与他人交易，实现其预期。[1]证券信用交易以资金融入方证券投资风险收益支持资金融出方债权实现的双重产权结构，蕴含着证券折价机制及其信息功能。证券折价机制与折价信息的相互作用，凸显出证券信用交易风险分配的正式法律规则在证券信用交易产权规则的确定性与市场稳定性方面的优势。

我国证券法律规则在前三个阶段的"刺激-泡沫-治理"周期内，不仅未能解决证券信用交易之繁荣市场与投机形成及投资者投资收益保障三者之间的紧张关系，而且将前三个阶段内对证券信用交易规则的选择性不发展，延续为第四个阶段内的规则不确定性发展。这也让2010年到2016年间，监管机构为繁荣市场而采取的激励措施及投机市形成后的治理手段对证券法正式法律规则走向的影响，再次清晰地呈现了出来。如在监管创新中，放开两融活跃股市；在市场主体以两融业务为突破口形成投机市后，证券融资交易的维持保证金即大幅提升以抑制

---

〔1〕 See Demsetz Harold, "Toward a Theory of Property Rights", *The American Economic Review*, Vol. 57, No. 2., 1967, p. 347.

投机。再如尽管股票质押回购、大资管及分级金融工具，均以质押证券或隐性质押证券的担保功能及折价机制为融资基础或交易基础，但在投机治理过程中对这些金融工具的差异性对待，也决定了其在正式规则中的差异性发展格局。

因而，要在证券法律制度中解决繁荣资本市场与投机治理这两个极具张力又同根同源的问题，实现稳定的金融创新与市场发展，就需要跳出"刺激–泡沫–治理"周期，建立证券信用交易的确定性与完备性规则。相比起对我国尚未真正实现完备性及确定性的证券信用交易规则的补丁式发展，证券信用交易风险分配正式法律规则的建立，可以让证券折价及其传递的折价信息均具有可控性。因而，证券信用交易风险分配正式法律规则的建立，是解决证券法的规则不连贯性及不可预期性的根本措施，也是避免下一轮金融监管创新对现行证券信用交易规则的系统性突破。

第一节　质押证券融资规则的建立及统一

2015 年 6 月，监管机构的投机治理启动，券商两融业务保证金比例提高，对接券商资管账户的结构化信托被砍去，分级基金、融资类收益互换被叫停；2016 年，去杠杆的监管思路仍旧延续，券商场外股票质押回购试点展开；2018 年《商业银行理财业务监督管理办法》禁止商业银行发行分级理财产品，商业银行综合类业务可投资的非标准化债权中排除了券商资管；[1]《证券期货经营机构私募资产管理业务运作管理暂行规定》将私

---

[1]　2018 年《商业银行理财业务监督管理办法》第 39 条和第 42 条。

募资管权益类业务优先级与劣后级杠杆比例从 10 倍降为 1 倍，且全部结构化资管计划总资产占净资产比例不得超过 140%。

表五　证券信用交易规则的选择性发展（2010～2016）

周期	刺激期	泡沫期	治理期			
	监管创新 2010～2014	质押证券触发股价下跌的核心机制	治理手段	监管新规 2015～2016		证券折价机制
证券信用交易	股票质押回购	质押证券折价机制	业务保留	《证券公司开展场外股权质押回购交易业务试点办法》		未触及
	保证金交易	同上	业务保留	《证券公司融资融券业务管理办法》		提高保证金
	融资收益互换	同上	禁止	证监会叫停		停止
	私募资管权益类业务	劣后级对优先级隐性担保/（隐性质押）证券折价机制	降为 1 倍杠杆	《证券期货经营机构私募资产管理业务运作管理暂行规定》		未触及
	银行理财对接券商分级资管	同上及保证金交易质押证券折价机制	业务禁止	《商业银行理财业务监督管理办法（征求意见稿）》		停止
	结构化信托对接券商资管	同上及保证金交易质押证券折价机制	业务禁止	《关于继续做好清理整顿违法从事证券业务活动通知》		停止
	分级基金	劣后级对优先级隐性担保/（隐性质押）证券折价机制	业务禁止	《关于规范证券期货经营机构涉嫌配资的私募资管产品相关工作的通知》		停止

在上述已加强监管或被禁止的证券信用交易业务中，均存

在让股价进入持续下跌螺旋的触发机制，包括质押证券因资金融出方的强制处分而折价及证券或证券投资组合因权益类投资优先级的强制处分而折价。场内保证金业务中的维持保证金及强制平仓机制及质押证券回购机制，可以被视为典型的质押证券折价机制。私募资管、结构化信托、银行分级理财的优先级，出售基金或债权，或分级基金 A 份额持有人出售证券投资组合，可被视为权益类投资优先级强制处分证券而引起证券折价的机制。权益类投资计划允许优先级与劣后级之间存在证券收益杠杆，亦非常类似于劣后级以证券的预期风险收益，为具有固定收益偏好的优先级提供了隐性的证券质押担保。

所以，在证券信用交易中，触发股价下跌螺旋的核心机制可以概括为显性或隐性的质押证券担保机制。该机制在质押证券被资金融出方强制处分时，会形成让股价连续下跌的证券折价机制。券商两融、股票质押回购及结构化资管等，均是利用质押证券担保功能的业务。这些业务起源于上市公司融资需求，其在金融监管创新中走向繁荣，在投机治理中被选择性保留，亦获得了重大产业政策的认可，[1]因而不可能完全被禁止。实际上，如果禁止质押证券担保机制，则投行保证金业务就会类似于银行贷款，权益类结构化投资亦无法展开，股票质押回购市场亦不会存在。

因而，自 2010 年开启的金融监管创新，将我国资本市场带入了两难境地。一方面，上市公司及投资者有通过证券信用交易融资的需求；但另一方面，附着于证券信用交易的显性或隐性的质押证券折价机制会诱发股市动荡。监管机构在全面去杠

---

〔1〕《国务院办公厅关于发展众创空间推进大众创新创业的指导意见》第 2 条第（6）款将股票质押作为完善创业投融资机制的内容之一。

杆的思路指引下，自 2015 年 6 月，对可触发股价下跌螺旋的不同业务，采取了保留或禁止的差异性对待。然而，在股票质押回购及私募资管这两类被保留的业务中，显性及隐性的质押证券折价机制并未被 2016 年监管新规所触及。如 2015 年股价大跌中，上市公司股票质押回购账户爆仓，是上市公司在股票质押回购业务中以较高的证券质押率支持了较高的融资杠杆及较大的融资规模的结果。[1]但 2015 年中国证券业协会（以下简称中证协）股票质押回购新规仍规定，进行场外股票质押业务的资金融出方可与资金融入方约定质押证券折算率。[2]

如前述，质押证券折价的原因在于证券信用交易中，资金融出方的债权收益要求对资金融入方证券的投资风险收益的刚性约束，且依据融资杠杆及证券质押率，被资金融出方强制处分的证券，在折价后会形成新的折价信息。因而，要降低质押证券的折价幅度及折价信息的影响，就需要在质押证券被强制处分之前，对其预先折价。预先折价可以让股票质押回购等场外证券融资交易与场内保证金交易一样，在质押证券可支持的融资杠杆、证券质押率与证券折价信息三个方面都具有可控性。

因投行有权在证券信用交易中与其客户约定质押证券的质押率及折价率而引发证券折价并非我国独有。如前述，美国 2008 年证券融资回购协议危机中，被证券公司和对冲基金等广泛用于短期融资的质押证券的质押率已达到证券价值的 300%左右。2008 年金融危机重创欧洲场外衍生品市场，资本市场信用

〔1〕 参见"股权质押疯狂大股东自救有何投资机会"，载 http://stock.qq.com/original/zqyjy/s347.html，最后访问日期：2022 年 3 月 31 日。
〔2〕 2015 年中证协《证券公司开展场外股权质押式回购交易业务试点办法》第 9 条。

交易亦转向证券融资交易。欧盟金融稳定委员会为不至于重蹈美国证券融资回购协议危机的覆辙，于 2014 年发布了《非集中清算证券融资交易折算率规则》。该规则将证券融资交易界定为投行在证券或其他金融资产的金融担保安排或非担保安排基础上进行的场外融资融券交易。同时该规则规定金融机构与非银行主体在券商柜台等非集中清算场所进行的场外证券融资交易，须适用自 2017 年生效的证券折算率标准，但这些机构以政府债券质押的除外。[1]该标准按照剩余担保期限及风险差异，对用于场外融资的证券及资产支持证券分别设置了差异性折算率。[2]

所以，为了让我国场外证券融资中，通过质押证券支持的融资杠杆、证券质押率及折价信息均具有可控性，可设定股票质押回购业务的法定最高折算率标准，以控制单一股票所支持的融资杠杆及其在市场内的折价幅度。最高折算率标准，可参考交易所、机构间报价系统及股转系统内的股票的平均折价水平来计算。目前商业银行、证券公司等投行之间展开折价率竞争，证券的市场折算率约为证券价值的 30%、40%~60%、70%不等。[3]

同时，2016 年中证协场外股票质押回购新规还规定，券商

---

〔1〕 See Regulatory Framework for Haircuts on Non-Centrally Cleared Securities Financing Transactions, Financial Stability Board, 2014, p. 8.

〔2〕 按照剩余担保期限为分别为 1 年、1~5 年、5~10 年、10 年以上四个区间，证券折算率分别为 0.5%、1.5%、6%、7%，资产支持证券折算率分别为 1%、4%、6%及 7%。Regulatory Framework for Haircuts on Non-Centrally Cleared Securities Financing Transactions, Financial Stability Board, 2014, p. 8.

〔3〕 参见 "股权质押融资首超 9000 亿 部分公司折算率极高只能承受一个跌停"，载 www. kuaifawu. com/article/item/info/id/8533. html；"股权质押疯狂大股东自救有何投资机会"，载 http://stovk. qq. com/originae/zqyjy/s347. html，最后访问日期：2022 年 3 月 31 日。

须以自有资金融资，券商融出资金余额不得超过其净资本的50%。[1]原 2013 年《股票质押式回购交易及登记结算业务办法（试行）》，在许可券商股票质押业务对接券商集合资管、定向资管及专项资管业务时，[2]也要求券商建立以净资本为核心的股票质押融资规模控制及单一证券交易金额占净资本比值控制等风控指标。实际上，相比起 2012《证券公司柜台交易业务规范》仅以一条规则放开券商场外股票质押业务，2013 年及 2016 年的规定已经可以降低券商股票质押回购业务的总融资规模了。只是券商意定的证券折算率尚无法对质押证券可支持的融资杠杆及质押证券的折价幅度给予任何底线性的约束。该意定的证券折算率，仍可以在市场下行期让证券价格呈自由落体状态。

同时，由于交易所综合平台的股票质押回购业务与券商资管业务的对接尚未被禁止，因而，可参考中证协要求券商柜台的股票质押回购业务规模与券商净资本挂钩的规定，要求在交易所平台开展股票质押回购业务的券商，依据与资管业务对接的质押证券的规模提取风险资本。风险资本水平可与券商场外业务中净资本、自有资金与股票质押业务规模三者之间的比例保持平衡。

实际上，2016 年《证券期货经营机构私募资产管理业务运作管理暂行规定》将私募资管权益类业务的优先级与劣后级杠杆从 10 倍降为 1 倍，仍相当于隐含着资管收益劣后级对优先级

---

〔1〕 2015 年中证协《证券公司开展场外股权质押式回购交易业务试点办法》第 28 条。

〔2〕 2018 年上海证券交易所、中国证券登记结算公司关于《股票质押式回购交易及登记结算业务办法（试行）的通知》第 17 条。

的隐性担保机制，亦可能触发证券折价。但由于私募资管有募集资金总额、投资者人数上限及合格投资者资质的规定，因而其通常可以不受证券折算率的约束。

第二节　证券保证金交易规则适用范围的扩展

2014 年到 2015 年之间达到高潮的千军万马加杠杆，与上市公司对证券市场正规融资的需求之间不无关联。自 2015 年开始的监管新规，对股票质押回购及私募资管之外的银行、信托及基金的场外证券融资的全面禁止，与寓禁于改之间的孰利孰弊，不易判断，但其对证券信用交易规则的选择性不发展，仍比较明显。在证券为稀缺资产、金融机构及非金融机构始终有从货币市场向证券市场转移资金的激励之下，券商及非券商突破保证金交易规则的激励也始终存在。[1]因而，与其走入监管放松与收缩的震荡空间，不如预先设立银行及非银行非券商机构的保证金交易规则。

经历 1929 年资本市场危机后，美国联邦储备委员会颁布了一系列限制证券信用交易杠杆的规则，其中以 1934 年 T 规则、1936 年 U 规则及 1968 年 G 规则最为著名。1934 年《证券交易法》规定，保证金交易适用于作为证交会会员及通过全国证券系统进行交易的证券经纪交易商。券商向客户的融资，不得超过保证金账户限额，除非客户在 5 个交易日内有新的保证金或担

---

〔1〕　参见"股市回暖场外配资卷土重来 杠杆放大至最高 1∶4"，载 http://china. cnr. cn/ygxw/20170211/t20170211_ 523586710. shtml，最后访问日期：2017 年 2 月 12 日。

保物注入保证金账户，特殊客户除外。[1]保证金有两种形式，一种是初始保证金，其限制了券商向客户融资的杠杆率。初始保证金最开始为证券市价的 55%，或最近 36 个工作日内证券最低市价的 100% 与证券市价的 75% 之间较低者。另一种是维持保证金，是为了满足券商对证券价格波动的额外担保需求，由联邦储蓄委员会依据 1970 年《证券交易法》修订案确定的担保物市价对证券融资债务的法定比例。[2]国内学者对 T 规则、G 规则及 U 规则的系统性介绍，对于反思我国 2015 年股市动荡，具有非常大的积极作用。[3]

　　然而，需要注意的是，场内证券保证金交易实际上是在券商等金融机构的净资本规则约束下的保证金交易。如同证券经纪交易商的净资本规则是美国金融市场规范的奠基石，[4]机构净资本规则对保证金交易的杠杆幅度及质押证券折价幅度的约束，也可被视为券商以外的金融机构及非金融机构，均可向交易所及 OTC 市场内的公开发行证券进行融资交易的基石。依据美国 1934 年《证券交易法》净资本规则，证券经纪交易商以借入资金或自有资本向客户融资会增加总负债或降低流动性资产。

---

　　[1]　The Securities Exchanges Act of 1934, Sec. 3 (a); 12 C. F. R. Sec. 220. 4 (i) & (j).

　　[2]　1936 年到 1974 年间，联邦储蓄委员对初始保证金进行了 25 次修改，但长期维持在证券市价的 50% ~ 70% 之间，自 1974 年开始稳定为证券市价的 50%。15 U. S. C., Sec. 78g (1970).

　　[3]　参见陈陌阡："U 规则——银行及证券经纪人、证券交易商之外的其他人为购买或持有保证金股票之目的提供的融资"，载《金融服务法评论》，2018 年第 0 期。

　　[4]　证券经纪商是指参与持有证券账户之主体的证券交易行为的主体。证券交易商是指以自有账户，通过证券经纪商或其他途径参与证券买卖交易的主体。The Securities Exchange Act of 1934, Sec. 3. a. (4), (5).

在计算净资本的原始方法中，构成券商净资本的流动性资金，不能因保证金交易而被减少，否则其须减持净资本并缩小经营规模。在计算净资本的替代性方法中，净资本须按总负债的 2% 计提。保证金交易规模过大的证券经纪交易商须增加净资本。[1] 因而，券商总负债的增加或流动性资产的降低，会导致净资本额度的提高，或净资本的减持及经营规模的缩小。

这样一来，证券保证金交易杠杆、交易规模及质押证券的最大质押率，就受到做出授信行为的券商净资本规则的实质性约束。因而，当投资者未补足维持保证金导致质押证券被券商强制处分时，由于融资杠杆及质押证券最大质押率上限是确定的，所以质押证券折价幅度及折价信息均是可控的。

1936 年 U 规则将国有银行、联邦储备体系的银行及交易所注册证券和共同基金公开发行份额，都纳入了联邦保证金交易规则；[2] 该规则在 1968 年将 OTC 股票也纳入了进来。[3]1968 年 G 规则（全称为《规范向经纪商、交易商以外的主体融资以购买或持有证券的规则》）规定券商及银行之外的资金供给者在商业行为或其他任何条件下，分别进行 5 万或 10 万美元以上的信用交易，且以公开发行证券或交易所注册股票为金融担保资产时，需符合联邦保证金规则。[4]1998 年 G 规则被 U 规则吸收。

---

〔1〕　Cch Fed. Sec. L. Rep. No. 93，088（D. N. J. 1971）；The Securities Exchange Act of 1934，Sec. 15 c3-1（c）（2）（i）.

〔2〕　12 C. F. R.，Sec. 221. 1（a）.

〔3〕　Public Law 90-437.

〔4〕　12 CFR，Sec. 207.（1968，Regulation G，Credit by Persons Other Than Banks，Brokers，or Dealers for Purpose of Purchasing or Carrying Registered Equity Securities）.

综上，证券保证金交易是券商等金融机构的净资本规则约束下的保证金交易。我国《证券公司融资融券业务管理办法》及《转融通业务监督管理试行办法》也分别规定了证券公司及中国证券金融股份有限公司（以下简称证金公司）的净资本规则对券商保证金交易的约束。证券公司融出资金的比例不得超过其净资本的 4 倍。证券公司以现金比例不低于 15%，其余可通过证券折抵的保证金向其主要的资金集中授信方即证金公司融资。[1]证金公司净资本与各项风险资本之比不得低于 100%。在证券公司及证金公司的资产负债表中，融出资金计入应收债权；客户及证券公司融入的资金，计入应负债务。[2]在此基础上，客户向证券公司提交的初始保证金于 2015 年 11 月 23 日之前及之后，分别不得低于融资额的 50% 及 100%，维持保证金不得低于融资额的 130%。

依据我国 2018 年《商业银行理财业务监督管理试行办法》可对接券商资管的银行标准化债权业务，及不可对接券商资管的银行非标准化债权业务，未来在场外证券融资方面会有较大差异。由于商业银行标准化债权业务对接券商资管并未被切断，因而结合美国 1936 年 U 规则，对商业银行标准化债权业务通过券商资管与场内保证金业务对接、从货币市场向资本市场转移资金的行为，可参照券商净资本规则之下的保证金交易规范进行规制。例如，参照证券公司保证金业务及证金公司转融通业务中，证券公司净资本、融出资金总额、初始保证金及维持保

---

[1]《证券公司融资融券业务管理办法》第 2 条、第 19 条、第 20 条；《证券法》第 120 条。

[2]《转融通业务监督管理试行办法》41 条；财政部《企业会计准则解释第 4 号》。

证金之间的比例及证金公司向证券公司融资时的现金保证金及证券折抵保证金的比例，来规范商业银行间接进行场外保证金交易的风险资本、融资总额及保证金比例。实际上，在 2016 年征求意见稿中，仅允许商业银行标准化债权业务资金进入资本市场，也体现了以商业银行业务资金向资本市场融资的规模须受商业银行资本规模约束的规制逻辑。

同时，对于非券商、非银行机构的证券融资交易，可参照美国 1968 年 G 规则，在允许其进行证券融资的同时，要求其符合保证金交易的融资杠杆标准及保证金维持标准，并以净资本规则约束保证金交易的规模。因而，我国券商及银行之外的资金供给者，在符合前述净资本、风险资本、初始保证金、维持保证金及质押证券强制处分规则的前提下，也可参与证券保证金交易。但对于达到券商保证金交易规模的保证金交易，需向证券登记结算机构及证券业协会履行大户报告义务。[1]

这也需要建立一项配套规则，即需要将我国以吸收公众存款之外的其他可偿还资金为主营业务、以自有账户向投资者提供信用支持的非银行机构，也界定为从事证券信用交易的信用机构。同时，要求这些机构将其在场外保证金交易中融出的资金，计入总负债，按总负债特定比例计提净资本，或要求这些机构，以总资产扣除总负债并进行相应调整后的净值仍可覆盖其信用交易风险。同时，此类信用机构还须计提风险资本及作为资本储备的自有资本或专用性资产，以吸收其公共投资者在交易中的风险和损失。[2]

---

[1]　e. g., 12 CFR Sec. 207.

[2]　Regulation (EU) 648/2012, Article 46; Sec Directive 2014/59/EU, Article 4 (1).

重新厘定我国信用机构认定的实质标准，是为了发挥信用机构的净资本规则对证券信用交易的信用风险的约束作用。这既可以满足券商及银行之外的机构，获取两融业务较为稳定的投资收益的需求，也可以降低上市公司向券商及银行之外的机构进行融资的制度壁垒。同时，要求参与证券信用交易的机构符合自有资本、风险资本及保证金交易比例等方面的要求，也可以改变这些机构在证券信用交易的金融创新或监管创新中，意定掠夺式分配信用风险的最大理性偏好。欧盟在 2008 年金融危机之后，随着市场主体对场外证券融资业务需求的增强，以2009 年"信用机构自有资本要求"修订了 2006 年《信用机构经营与业务指令》，规定除银行或电子货币机构外，持有股权资本或其他可在清算中吸收机构风险的资本或份额的共同基金及类似机构也须被界定为信用机构。[1]2009 年"信用机构自有资本要求"还规定共同基金等机构须计提覆盖投资者信用风险的股权资本，并计提覆盖系统性风险的相关资本。[2]

第三节　跨市场操纵规则的建立

我国 2015 年股价大跌及美国 2008 年金融危机都出现了市场

---

[1] 2009 Draft European Parliament Legislative Resolution on the Proposal for a Directive of the European Parliament and of the Council on Amending Directives 2006/48/EC and 2006/49/EC.

[2] Article 26, 2009 Draft European Parliament Legislative Resolution on the Proposal for a Directive of the European Parliament and of the Council on Amending Directives 2006/48/EC and 2006/49/EC as Regards Banks Affiliated to Central Institutions, Certain Owns Funds Terms, Large Exposures, Supervisory, Arrangements, and Crisis Management (COM (2008) 0602-c6-0339/2008-2008/0191 (COD)).

操纵行为，[1]这并非偶然。如前述，在证券信用交易繁荣的市场，质押证券等金融担保资产的折价会向市场传达出令市场参与者更为敏感的折价信息，市场操纵也就更能以小博大。2015年7月，我国监管部门指出跨市场和跨期现操纵是恶性做空。[2]跨市场操纵的基础形态是价格关联操纵，即利用两个以上市场之间的价格关联实施操纵行为，影响特定市场中的金融工具价格，操纵者从与该金融商品市场价格挂钩、关联的期货、期权、衍生品市场、场外市场或者其他各种类型的私有交易合同中谋取利益。[3]

跨市场操纵的出现，对我国在"刺激-泡沫-治理"周期内形成的市场操纵规则提出了挑战。2005年《证券法》对全流通时代之前的恶庄操纵问题进行了全面回应，价量操纵及信息操纵规则已较为完善，但在跨市场操纵方面并无预见性规定。

2019年《证券法》第55条、第56条沿袭了2005年《证券法》列举价量及虚假信息操纵行为的类型来界定市场操纵概念的思路，但这一界定并未给跨市场操纵规则留下空间。因而，要在证券信用交易越来越繁荣的市场内规制种类繁多的市场操纵行为，首先应考虑在《证券法》中确立市场操纵行为的抽象概念。

同时，跨市场操纵的出现，也对我国期货法与《证券法》

---

〔1〕　如我国2015年国信证券自营套保账户的做空交易，涉嫌致使沪深300期指主力合约价格于2分44秒内下跌超0.7%，被限制开仓。司度（上海）贸易有限公司涉嫌跨市场恶意做空被调查，为其提供融券便利的国信证券、曾与其有爷孙公司关联的中信证券也被质疑有帮凶之嫌。

〔2〕　参见侯捷宁："证监会：跨期现市场操纵属于恶意做空"，载《证券日报》2015年7月11日，第A1版。

〔3〕　参见谢杰："后'股灾'背景下资本市场犯罪的刑法规制"，载《法学》2015年第12期。

的协调提出了要求。证券是衍生品的基础资产，交易者跨期现市场交易是常见的套利或保值方式。但是，利用金融衍生品或证券的价格关联，在期、现货市场内制造虚假的误导投资者的交易信号的行为，须被认定为跨市场操纵。我国2015年《证券法（修订草案）》第95条规定的禁止交易者为获取衍生品或其基础资产即证券的不当利益，而拉抬、打压或锁定衍生品基础资产价格或衍生品价格，是对跨市场操纵行为的禁止性规定。该规定与《期货交易管理条例》对证券和衍生品的市场操纵行为的认定较为一致。依据这些规定，集中资金、持股、持仓或信息等优势的价量操纵或连续买卖、虚假信息交易、约定或共谋交易、洗售、频繁申报或撤销交易、程序化交易、抢帽子交易及囤积现货交易，均可能被认定为跨期现市场操纵。[1]然而，2015《证券法（修订草案）》将操纵者实施操纵的故意，作为跨市场操纵行为的主观要件，抬高了交易者以衍生品交易操纵证券市场价格的行为的违法认定标准。例如，光大股指期货乌龙指是较为典型的因操作失误而影响证券市场价格的行为，但操作失误与故意欺诈在操纵者主观方面存在较大差异。

相比而言，美国《商品交易法》等规定认定金融衍生品操纵是以产生误导、错误或明知不准确的信息为目的的行为。《商品交易法》第6（c）（1）条在界定期货操纵行为时，与1934年《证券交易法》第10条保持一致，将期货操纵行为界定为欺诈性操纵。CFTC《规则180.1》第（a）（4）条，规定期货、掉期及其他衍生品的市场操纵行为应被禁止。CFTC《规则180.2》在用语上都非常接近1934年《证券交易法》第10条的概括兜

---

〔1〕《期货交易管理条例》第39条和第70条；《上海证券交易所股票期权试点交易规则》第150条。

底条款，禁止交易者进行任何干预或操纵衍生品的正常供给及需求的行为。交易者操纵或试图操纵任何掉期、商品或洲际商务交易中的商品期货合约的行为都是违法的。同时，CFTC《规则180.2》中的"操纵或试图操纵"并未要求操纵者存在欺诈的故意。就语义分析即可推断出，过失性的衍生品交易操纵亦被该条所覆盖。

因而，在《证券法》第55条中增加市场操纵行为抽象概念时，应涵盖各类市场操纵行为改变正常证券供需基础上的证券价格等公共信息，并向市场主体传递虚假价格或其他欺诈性信息的隐含本质。[1]市场操纵行为可被界定为交易者以改变市场内正常证券供需所形成之价格或其他交易信息为目的的欺诈性证券操纵行为，以及故意或过失性的金融衍生品操纵行为。

衍生品交易者较高的注意义务，与衍生品交易为指数交易且衍生品不具有资产价值属性有关。同时与衍生品交易操纵，往往需要依靠一定的市场力量、采用真实交易、于到期日无法交割一般不被追责才能达到逼仓或价格挤压之目的有很大关系。例如，金融衍生品的逼仓和挤压都是较为常见的市场操纵形式。在远期合同中，交易者可从远期合同到期日商品价格的变化中获利。沽空商品价格的交易者，会买入看跌期权，反之则买入看涨期权，但如果看涨期权交易者同时买入了商品仓单并做多其证券，则在交割日临近时，商品价格已上涨，看跌期权交易

---

〔1〕　我国《证券法》及《期货交易管理条例》等，对证券和衍生品的市场操纵行为的认定较为一致，集中资金、持股、持仓或信息等优势的价量操纵或连续买卖、虚假信息交易、约定或共谋交易、洗售、频繁申报或撤销交易、程序化交易、抢帽子交易及囤积现货交易行为，均为市场操作纪行为。这些行为的共通本质是市场操纵者的欺诈意图，即改变证券或衍生品的正常供需所形成的价格或其他交易信息的意图。The Securities Exchange Act of 1934, Sec. 9.

者只能不断买进仓单才能完成交割。此时，逼仓行为不仅改变了远期交易价格，而且还可能让看跌期权持有者孤注一掷，增加市场内的商品供给，形成新的价格操纵。[1]价格挤压也有相同特点，沽空远期合同的一方可增加商品供给、压低价格，从而让看涨期权持有者现金不足，无法完成交割。[2]历史上，期权、掉期等衍生品交易者也以相似的方式进行市场操纵。

所以，衍生品交易一直有以真实交易实现市场操纵的特点。早期判例在把真实交易界定为欺诈性操纵方面始终存在疑虑。尤其是当操纵者主张衍生品无法交割时，法庭也很难判断其是否有欺诈故意。然而，法庭对此类行为的投机性及其扰乱市场价格的后果是认可的。[3]这就可以解释为何法庭对衍生品操纵的认定适用了比证券操纵认定更高的注意义务，不仅把具有欺诈意图的行为纳入其中，而且将不具有欺诈故意的行为也纳入进来。所以，我国《证券法》第55条在规定跨市场操纵行为时，也应区分对待证券或衍生品的跨市场操纵的注意义务标准。

同时，可考虑在《证券法》中引进跨期现货市场交易的净空头头寸报告规则，要求除做市商之外的国内或国外银行及保险公司等金融机构或其他市场主体，凡通过衍生品交易持有上市公司发行股份的空头头寸超过其多头头寸的，需履行净空头头寸报告义务。同时，可建立空头持有上市公司证券份额超过发行人股票总份额的应披露头寸标准。英国金融安全委员会于2008年9月出台了净空头头寸报告制度，以此增加市场透明度，

---

〔1〕 Merrill Lynch, Pierce, Fenner & Smith Inc. v. Curran, 456 U. S. 353, 357-359 (1982).

〔2〕 Frey v. CFTC, 931 F. 2d 1171, 1175 (7th Cir. 1990).

〔3〕 Scott v. Brown, Doering, McNab & Co. , (1892) 2 QB 724.

让市场主体了解空头的市场地位、做空行为、清算情况，也让监管部门通过公开未清算证券的信息等方式对大额做空进行预警。金融安全委员会《做空工具》2 号规定，金融机构持有证券（含可转换债）份额超过发行人股票总份额的 0.25%的为应披露头寸。[1]

结　语

证券信用交易通过信用风险分配机制，让资金融出方想要获得证券信用交易双重产权结构中的债权收益与资金融入方想要获得证券的投资风险收益的差异性诉求达成合意，发挥了证券的融资担保功能，亦形成证券折价机制。以资金融出方意定融资杠杆、证券质押率及质押证券等敏感性金融资产的优先处分权为内容的证券信用交易市场型风险分配，仅按照资金融出方授信能力，而非信用风险大小及证券折价幅度为交易约束。直到系统脆弱性危机爆发，原风险分配结构解体，信用风险重新分配，新一轮震荡周期开启。因而，证券信用交易逻辑，具有内生性地通过信用风险分配的法律规则约束证券折价、发挥其担保功能的要求。

任何经济体中，证券信用交易被视为洪水猛兽均因从货币市场向资本市场融资，这可能影响资本市场的价格发现功能，并在资本市场内堆叠杠杆、制造泡沫、在解杠杆中令市场陷入系统性紊乱、破坏性震荡及阶段性倒退。我国证券法因监管调

---

〔1〕　FSA Short Selling（No. 2）Instrument 2008, Annex A; 1. 9. 2. C of Annex B〔Amendments to the Market Conduct sourcebook（MAR）〕.

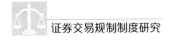

控而对证券信用交易规则的选择性不发展及依据不确定性规则发展，亦违背了证券信用交易不应催生投机或破坏资本市场产权之确定性的基本法治要求。

因而，我国证券信用交易风险分配规则的建立与其说是补丁式的完善证券法，毋宁说是在金融监管创新开启证券信用交易时代之后的一次系统性的规则初建。因而，是否能通过证券信用交易风险分配规则解决证券担保功能亦内生证券折价机制的问题，是跳出金融监管创新及投机治理分别对证券信用交易市场型风险分配，进行顺周期推动及逆周期调整的监管周期的关键。这也是改变我国证券法在投机市形成与治理的周期性破坏与倒退之间无法形成长期可预期性规则并获得投资者信赖的状况的一次契机。

第三编

新型证券融资交易规制

引 言

证券信用交易包括证券融资业务和融券业务。证券融资业务是指向客户出借资金供其买入证券并收取担保物的活动。证券融资业务监管失灵，导致中国 2015 年上半年证券市场杠杆率过高。由于作为大型资金经纪人的证券公司和各大商业银行证券融资服务门槛高，因而，场外配资公司和信托机构则以不规范的证券融资准入、融资杠杆率和担保物审查等方面，与大型资金经纪人展开底线竞争。同时，证券公司和各大商业银行的资金来源为央行供给、场外配资和信托机构的资金来源则囊括了民间借贷、P2P 贷款和银行保理财等直接融资和间接融资，二者的流动性回赎刚性约束均较强。

自 2015 年 6 月份，以去场外配资和伞形信托高达 5 倍到 10 倍的证券融资杠杆率为导火索，中国股市波动爆发。一个月之内，上交所和深交所股票价格下跌 2000 多点，20 多亿市值蒸发，中国近百万中产阶级投资者消失。中国政府果断集合券商资金救市，出台《证券公司融资融券业务管理办法》（2015 年征求意见稿），对扰乱市场秩序的证券公司、配资公司和提供电子化交易系统的恒生集团处罚，这些看似让证券市场与系统性风险擦肩而过，实则使其进入了恢复期。2015 年 10 月，上交所发布的《上海证券交易所程序化交易管理实施细则（征求意见稿）》为场外证券交易以及证券公司接入非券商的电子化交易通道打开了闸门，也开启了新的改革期。

　　非券商型的、多元化的公开证券交易市场无疑是在实践的推动下，中国证券交易的立法与监管开始与全球多元化证券公开交易市场的法律规范接轨的表现。但同时也让仍未从恒生Homs 系统、伞形信托等非券商电子化交易通道所引起的股市波动噩梦中脱离的投资者和其他证券市场主体倒吸凉气。

　　实际上，在市场变革期，中国证券信用交易规制失范的问题并没有解决。以证券公司和证券交易所自律规则为规范重点的非券商电子化交易系统及其所开启的场外证券融资通道，才刚刚将中国证券市场带到了一个以证券影子交易系统为场外融资通道的、深化证券信用交易的十字路口的开端。但是，该系统的融资规制、透明度和清算规则等基本制度仍一片空白。在场外市场过深涉入证券、债券和金融衍生品的隔夜担保融资型证券信用交易也被发现是 2007 年美国 AIG 和 Bear Stern 破产，并引起金融危机连锁反应的直接原因。商业银行及场外非集中清算的证券信用交易规制，尤其是证券融资交易规制，目前仍是金融危机后《巴塞尔协议（Ⅲ）》和欧盟《非集中清算证券回购及证券融资折算率指令》等规则规范的重点。

第一章
新型证券融资交易规制失灵

在中国2015年夏季股市波动中出现的影子型证券交易系统，是指以恒生Homs系统、配资公司实名注册证券账户或信托与资管公司的理财账户及证券注册账户等作为证券市场准入系统或电子化交易通道，并复制证券公司、证券交易所、证券登记结算机构及证券信息存储机构的证券开户、证券融资、报价、指令传递、信息存储、证券交易清结算等功能，而形成的场外证券市场融资交易基础设施。通过应用互联网技术及互联网金融移动支付平台，在由货币市场向证券市场融资的立法空白与监管漏洞之中，影子型证券交易系统将证券市场的场外货币流动性及信用风险转换为证券市场的场内流动性及信用风险。

第一节　证券保证金交易规则

依据我国《证券法》《证券公司融资融券业务管理办法》《证券公司监督管理条例》《上海证券交易所融资融券交易实施细则》《融资融券交易实施细则》等规范，证券融资交易是指证券公司向客户出借资金、供其买入证券并收取担保物的交易，采取保证金交易规则。保证金是客户向证券公司融资的担保物，可由证券冲抵，分为客户向证券公司申请融资时提交的初始保证金及客户信用交易担保资金账户余额不足时提交的维持保证金两类。可冲抵证券融资交易保证金的证券，可被称为担保证券。存量证券融资初始保证金不得低于融资额的 50%，自 2015年 11 月 23 日之后新增的证券融资交易初始保证金不得低于融资额的 100%，维持保证金不得低于融资额 130%。在客户未能按证券公司的通知补缴保证金账户差额时，证券公司须立即按证券融资合同约定处分客户担保物。证券公司参照适用上交所和深交所关于可冲抵保证金之证券的折算率的规定。通常而言，如果证券价值稳定且流动性较高，则其折算率相对较低。[1]美国 1934 年《证券交易法》也规定，若投资者向证券经纪交易商、银行或非券商非银行机构融资，则投资者须提交初始保证金和维持保证金，所买入证券依据折算率折价后可作为担保物。证券经纪交易商在投资者无法补足维持保证金时，有权处分投资者的担保物。[2]

因而，证券融资交易是由投资者按初始固定的杠杆率及证券交易中不高于特定比例的浮动杠杆率进行的信用交易。初始保证金、维持保证金及担保证券是证券融资交易的信用风险的担保物。担保物的流动性须全面覆盖证券融资交易的信用风险。因而，为保证证券融资交易信用风险总额不高于投资者担保物总值，须依担保证券的流动性及现金价值的高低确定担保证券的折算率。一旦证券融资交易信用风险超过保证金及担保证券

〔1〕《上海证券交易所融资融券交易实施细则》第 34 条和 38 条。

〔2〕 Regulation G（credit by persons other than banks, brokers, or dealers for purpose of purchasing or carrying registered equity securities）；15 U. S. C., sec. 78g（1970）；12 U. S. C., sec 12 a（7）（supp. v 1975）。

总值，则资金融出方即有权处分担保物。

所以，证券融资交易是以现金及证券为担保物的担保型信用交易。其信用风险的根源在于担保物价值与证券融资交易杠杆之间是否相互匹配。这是证券融资交易的价格发现功能决定的。证券融资交易连通货币市场与证券市场，通过解决证券市场资金瓶颈，与证券价格所代表的实体经济总量达成平衡。若担保物价值低于证券融资交易杠杆，则投资者倾向于逆向选择和投机交易，不仅无法发现证券价格，而且会因证券市场中所融入货币量超过证券所代表之实体经济总量而引起价格泡沫。若担保物价值高于证券融资交易杠杆，则表明担保证券真实折算率过高，超过其套期保值成本，因而会增加资本形成的成本。[1]

由于在证券融资交易的保证金交易规则中，初始保证金率、维持保证金率及证券担保物折算率，均有法定参照。因而，在投资者现金账户余额、融资总额及融资买入证券总额确定的情况下，担保物价值与融资杠杆率均可确定。同时，投资者现金账户余额、融资总额及融资买入证券总额，分别体现于投资者现金账户及信用交易现金账户。[2]所以，一方面保证金交易规则可通过确定担保物价值与融资杠杆率之间的一一对应关系控制证券融资交易的信用风险；另一方面，投资者现金账户和证券信用交易资金账户可被视为保证金交易规则中证券信用风险规制的基础设施。

---

〔1〕　金融资产的信用风险本质上是以货币来表示的金融资产的时间价值，也即金融资产的当前价值与将来价值的差价。证券市值的时间价值变化是指具有证券形式的金融资产的现在价值与将来价值的差价。

〔2〕　12 CFR, sec. 220.3 (a).

证券融资交易信用风险规制的基础设施是证券融资交易信息供给的制度基础。我国 2015 年《证券公司融资融券业务管理办法》及 2019 年《上海证券交易所融资融券交易实施细则》，均规定投资者现金账户余额、融资总额、融资买入额、证券市值、初始保证金及维持保证金等反映和决定证券融资交易担保物价值与融资杠杆率的信息，均须集合、存储并反映于证交所和证金公司为证券公司开设的会员账户、融资融券账户之中；也须集合、存储并反映于证券公司为投资者在证交所开设的现金账户及证券信用交易现金账户中。[1]

作为证券融资交易信用风险规制的基础设施，这些账户具有在投资者与证券公司及证券登记结算公司等中介机构之间，进行资金与账户登记、融资融券交易记录、清算及结算的功能。欧盟 2012 年《金融市场基础设施原则》将为金融市场参与者之间，包括系统运行机构之间，提供清算、结算或记录支付、证券、金融衍生品或其他金融交易的多边系统，界定为金融市场基础设施。因而，为投资者与证券公司及证券登记结算公司之间，提供资金及账户登记、融资融券交易记录、清算及结算的系统、技术性设施及运行程序，均可被界定为证券市场基础设施。除客户现金账户、证券账户和证券信用交易账户外，其他为投资者准入证券市场提供连接或登记清算等服务的程序或系统，也应被视为证券市场基础设施或具有证券市场基础设施的功能。

尽管证券市场基础设施的设立、准入、运行和关闭都须由证券公司依法进行，且须接受证交所的自律监管，以保持证券

---

[1] 《证券公司融资融券业务管理办法》第 11 条；《上海证券交易所融资融券交易实施细则》第 5 条。

市场基础设施的安全性和稳定性。然而，随着计算机技术进步所推动的证券交易途径多元化，证券公司开发和接入的程序也让证券基础设施越来越复杂多样，甚至可以逃避证交所的自律监管。所以，证券市场基础设施也逐渐成为证券公司数据披露规则的一大重点。如美国《国内市场法案》（Regulation of the National Market System）就已将证券公司接入的证券交易通道、证券市场准入系统、金融衍生品屏幕交易系统以及注册为证券经纪交易商或另类证交所的交易系统，均视为全国证券市场统一交易系统，并接受证券业的强制监管及自律监管。

综上，证券融资交易是证券类金融资产的杠杆交易。杠杆交易的本质是信用风险交易。金融资产的信用风险，本质上是以货币来表示的金融资产的时间价值，也即金融资产的当前价值与将来价值的差价。因而，证券融资交易是以融资杠杆来驱动的证券信用风险交易。这就决定了证券融资杠杆及证券价格变化都是内生于证券融资交易的信息。在投资者、融资者与证券市场监管者之间，证券融资杠杆及证券价格变化的信息是否对称决定了证券融资交易的透明度。证券融资杠杆可通过融资杠杆率、投资者投资总额、融资总额、融资买入额等因素表示出来。[1]证券价格变化，则在证券市场基础设施如投资者交易账户、信用交易账户、证券登记清算程序及证交所交易程序和价格形成系统中被反映出来。[2]

所以，信息供给及市场透明度在证券融资交易中的重要性是由证券融资交易以融资杠杆驱动证券市值变化的信用风险交易的本质决定的，其也贯穿于保证金交易规则的始终。实际上，

---

〔1〕 美国2001年《券商数据披露规则》第4条和第16条。
〔2〕 美国2001年《券商数据披露规则》第4条和第16条。

为规制证券融资交易的信用风险，保证金交易规则须以证券融资担保物价值不低于融资额来保障证券杠杆交易与实体经济之间的平衡。这也决定了保证金交易规则同时也是证券融资交易信息供给的制度基础。因为证券融资交易主要的信用风险即在于融资担保物价值低于融资额，从而导致证券融资杠杆过高而失去了证券杠杆交易与实体经济间的平衡。[1]该信用风险的产生，须以投融资者之间及其与监管者之间的信息不对称为前提。只有在信息不对称的前提下，投融资者才具备忽略证券融资的投资安全和长期合理回报，并进行逆向选择的可能和条件，也即投资者可以通过较少的保证金及担保证券获得超过证券市值的资金。然而，这无疑会引发货币市场向证券市场的过热投资以及二者之间的高度连锁反应。在证券市场中，则表现为证券价格的非理性波动。美国1934年《证券交易法》Sec. 2也规定，引起证券信用风险扩张及证券价格不合理异常波动的行为应受规制。[2]

所以，以担保物价值不能低于融资额为主要逻辑的保证金交易规则，在约束证券融资的杠杆率、投资者投资总额、融资总额及融资买入额的同时，也将这些要素中所呈现的信用风险透视了出来。同时，随着互联网技术、互联网金融的发展及证券交易基础设施的多元化与复杂化，货币市场资金及证券融资交易杠杆，可以通过证券公司、证交所和证券登记清算公司之外的途径进入和流出证券市场。这也决定了证券融资交易规则，

---

〔1〕 美国2001年《券商数据披露规则》第4条和第16条。

〔2〕 The Securities Exchanges Act of 1934, Sec. 2 (3). 为了保护洲际商务、全国市场信用、美国银行系统和联邦储备系统的安全、有效、公平及诚实运行，需要对证交所和场外市场中证券价格变动频率进行监督，避免过激的投机行为导致证券价格的突然的、不合理的波动，进而导致不合理的证券信用扩张及信用交易冲突。

需将日渐多元化的证券交易金融基础设施向证券市场导入的信用风险也涵盖在其所能透视的信用风险之列。

第二节　新型证券融资交易规制失灵

一、信息供给失灵

在 2015 年夏季股市波动爆发之前，配资公司及其招揽的配资客户利用恒生 Homs 系统的电子化虚拟交易平台，将配资公司的资金、非实名注册投资者的证券交易报价及清算指令传递到场内；同时还以最高达到场内证券融资 5 倍的杠杆，将证券融资交易的信用风险也从货币市场传递到证券市场。在交易流程上，配资公司作为一般投资者须先到证券公司开立证券账户，或通过委托资金管理或收益互换型投资产品向信托、资管公司融资，从而获得信托、资管公司分配的客户端，并要求使用恒生 Homs 系统。不论是通过证券公司为配资公司开具的客户账户，还是将恒生 Homs 系统嫁接在信托、资管公司的账户上，都可以成功地将恒生 Homs 系统链接在证券公司的场内交易程序中。

之后，配资公司就利用恒生 Homs 系统，为其客户建立虚拟子账户，并按照配资公司的出资和融资总额，以 1：5 左右的杠杆率在这些虚拟子账户内向客户分配资金。所以实际上，配资公司为其客户提供的证券融资杠杆率在 1：2 到 1：10 之间。恒生 Homs 系统还具有传递交易指令和信息的功能。子账户拥有者可以在恒生 Homs 系统提供的虚拟交易空间内进行证券融资、发出报价指令、查询交易信息等交易行为。这些交易行为都通过证券公司为配资公司开具的客户账户、或信托、资管公司在证券公司开设的客户账户而传递给证券公司交易系统，并在证交所集中交易。同时，配资公司和 P2P 平台，利用互联网金融移动支付平台或 P2P 平台的移动支付功能，进行资金汇集、汇划和清算，向投资者分配收益。信托和资管公司，则通过银行或证券登记清算公司的清算系统为投资者提供清算服务。所以，配资公司、恒生 Homs 系统、信托、资管账户和 P2P 平台，将证券登记清算公司的账户注册功能及清算功能均覆盖在其交易程序中了。

然而，根据《证券法》、《上海、深圳证券交易所交易规则》、《证券公司融资融券业务管理办法》、《证券登记结算管理办法》及《关于加强证券期货经营机构客户交易终端信息等客户信息管理的规定》，客户的证券融资交易程序为强制性标准化交易程序。客户在证券公司开立实名账户及信用交易子账户后，证券交易的融资、报价、保证金交易的执行、信息查询和清算等交易指令，均须由客户逐步发布和授权。[1]同时，客户发布或授权交易指令的信息基础，来自证交所和证券公司发布的、且计入其信息存储系统的公开信息。接到客户指令的证券公司，须以符合客户最优利益的形式执行客户指令。

然而，在 2015 年，配资公司却利用恒生 Homs 系统以及信托、资管账户和 P2P 平台的清算系统，提供了一个独立于证券

---

[1] 2001 年《上海、深圳证券交易所交易规则》第 30 条；2006 年《证券登记结算管理办法》第 19 条和第 22 条；2011 年《证券公司融资融券业务管理办法》第 16 条等；2001 年《上海、深圳证券交易所交易规则》第 7 条、第 11 条、第 20 条、第 21 条、第 28 条、第 31 条和第 32 条；2006 年《证券登记结算管理办法》第 41 条、第 42 条、第 44 条等；2011 年《证券公司融资融券业务管理办法》第 26 条；2013 年《关于加强证券期货经营机构客户交易终端信息等客户信息管理的规定》第 5 条、第 7 条、第 8 条、第 11 条、第 12 条等规定。

公司、证券登记清算机构、证交所和证券期货交易信息存储机构的程序性交易的电子化交易通道。该电子化交易通道可为客户提供开立账户、融资、信息传递、报价、清算、发出及执行其他交易指令的服务。因而，该电子化交易通道将证券公司及中国证券登记清算公司规范投资者实名开户的功能、[1]证券公司和证交所向客户传递信息、接受客户报价等指令和执行指令的功能[2]以及中国证券登记清算公司、证交所和结算银行执行客户清算指令或证券公司强制平仓指令的功能、[3]连同证券期货经营机构及证券登记结算公司汇集和储存客户交易终端信息及开户资料电子化信息的功能，[4]均集于一身。

易言之，配资公司、恒生 Homs 系统、信托、资管账户、互联网移动支付平台及 P2P 平台所构建的电子化交易通道，复制了各类证券中介机构的身份，且兼具其交易功能。因而，该电子化交易通道可被视为一个"麻雀虽小却五脏俱全"的影子型证券交易系统。正是由于该影子型证券交易系统，统一复制了本来在功能及监管上均独立的各类证券中介服务机构的开户、融资、指令传递与信息传递的功能，其才能成为独立于证券监管的、从场外向场内输入杠杆及流动性的电子化交易通道。该

---

〔1〕　关于证券公司及证券登记公司监督投资者实名开户的功能：2001 年《上海、深圳证券交易所交易规则》第 30 条；2006 年《证券登记结算管理办法》第 19 条和第 22 条；2011 年《证券公司融资融券业务管理办法》第 16 条等。

〔2〕　关于证券公司和证交所向客户传递信息、接受客户报价等指令和执行指令的功能：2001 年《上海、深圳证券交易所交易规则》第 7 条、第 11 条、第 20 条、第 21 条、第 28 条、第 31 条和条 32 条等。

〔3〕　2006 年《证券登记结算管理办法》第 41 条、第 42 条、第 44 条等；2011 年《证券公司融资融券业务管理办法》第 26 条等。

〔4〕　2013 年《关于加强证券期货经营机构客户交易终端信息等客户信息管理的规定》第 5 条、第 7 条、第 8 条、第 11 条、第 12 条等规定。

影子型证券交易系统与影子银行颇为相似。实际上，以资产证券化、理财产品或集合投资计划等为主要交易模式的影子银行，通过结构型金融、银行表外交易及金融市场基础设施，不仅成功复制了商业银行的期限转换、流动性转换和信用转换的交易功能，而且还独立于银行监管。

所以，中国影子型证券交易系统，在通过独立的电子化交易通道复制各类证券中介机构功能的同时，也将场外流动性及信用风险转换为证券市场流动性及信用风险。场外流动性及信用风险本来是包括民间资本在内的货币市场流动性及风险。场外流动性通过证券融资交易进入证券市场，形成以货币市场流动性驱动的证券市场流动性。股市波动爆发前，由于民间资本及货币市场流动性的不可控性，以及民间融资及配资公司证券融资杠杆的不可控性，由货币市场向证券市场传导的流动性及信用风险也具有不可控性。

然而，在自律监管方面，配资公司利用恒生 Homs 系统、信托、资管账户、互联网移动支付平台及 P2P 平台，所搭建的影子型证券融资交易系统，与按照《证券法》和《证券公司融资融券业务管理办法》等规范而建立起来的、相互隔离且具有独立信息汇集终端的场内交易系统是极为不同的。该影子型证券融资交易系统仅复制了各类证券中介机构的交易功能，但不执行这些证券中介机构的强制性自律监管职能。具体而言，该影子型证券融资交易系统，不监督投资者账户及其信用交易账户是否实名、证券融资杠杆率是否合规、报价和清算等交易指令是否异常以及交易信息是否实时存储。

实际上，借助于互联网金融与技术发展起来的影子型证券融资交易系统正是通过在证券交易系统之外复制证券中介机构的交易职能，再将其接入到证券公司的交易程序之中来规避证券中介机构的自律监管。通过复制和接入，该影子型证券交易系统，将配资公司客户以及每个客户的融资杠杆率、融资额和交易途径等信息都掩盖了起来。同时，在影子型证券交易系统内，配资公司与客户的账户通过恒生 Homs 系统的分仓功能被混淆在一起；客户的高融资杠杆率被配资公司的合规杠杆率掩盖了起来；客户向证券市场输入高杠杆和去杠杆的报价和清算指令，也以恒生 Homs 系统的报价通道和信托、资管账户、互联网金融移动支付及 P2P 平台的清算通道，由配资公司的交易指令掩盖了起来。

因而，尽管我国证券法律规范已通过账户升立、保证金交易、折算率规则、交易报告、自律规则和交易程序监管等，建立了证券融资交易的信息供给机制。然而，该信息供给机制在恒生 Homs 系统、信托、资管账户、互联网金融移动支付平台及 P2P 平台提供的电子化交易通道即影子型证券融资系统面前，几乎完全失灵。由于信息供给失灵，该影子型证券融资交易系统将未在证券登记结算机构实名注册的投资者的高杠杆融资及包含巨大信用风险的交易指令都传递给接入该系统的证券公司，再传递给证交所。

二、保证金交易规则异化

在交易获利时，客户可向配资公司发出清算指令收回本金和收益。在证券市场价格下跌时，如果配资公司账户的子账户内，客户亏损幅度接近初始保证金金额，配资公司会要求客户补足保证金，若无法补足，配资公司即强制平仓。但不论配资公司客户的交易是获利还是损失，客户均须向配资公司支付融资利率以及子账户和交易系统的服务费。配资公司提供融资的年利率及服务费率的总和为其融资额的 13% 到 15%；信托、资管公司在配资公司的委托资金管理或收益互换投资产品中年收益率为 9%。因而，配资公司的无风险净收益为融资总额的 4% 到 6%。

然而，由于配资公司、信托或资管公司与投资者的合同复制了场内证券融资的保证金交易规则，因而，相比起投资者而言，配资公司对该 4% 到 6% 的无风险净收益享有优先收益权；信托、资管公司、互联网金融移动支付平台或 P2P 平台对 9% 的年收益也享有优先收益权。因为即使投资者亏损，在配资公司、信托、资管账户有权对客户的证券担保物强制平仓、并通过互联网金融移动支付系统或 P2P 平台支付系统进行强制清算时，配资公司等资金融出方的净收益也不会受到影响。这成为事实上的场外配资法则。影子型证券交易系统内，高达 1：2 到 1：9 的融资杠杆率让配资公司按《证券公司融资融券业务管理办法》的保证金交易规则严格执行的强制平仓指令，成为配资公司、信托和资管公司的优先收益权的收割机。

实际上，通常是那些不符合证券市场准入条件或不能在场内获得高额融资的投资者，才会成为配资公司客户。然而，由于配资公司客户的融资杠杆过高，因而即使是证券价格的一般波动，也会导致不能补足保证金的配资公司客户、信托或资管公司客户、互联网移动支付平台或 P2P 平台客户沿多米诺骨牌路径遭受损失。客户融资总额与须偿还保证金金额的比例与其损失程度成正比。同时，受配资公司强制平仓的去杠杆行为的影响，证券市值亦疯狂下跌。未向配资公司融资的投资者的证券收益，也随证券市值下跌而被蒸发。

　　综上，股市波动的根源，在于配资公司利用恒生 Homs 系统、信托、资管账户、互联网金融移动支付平台及 P2P 平台所提供的电子化交易通道，构建了一个复制证券公司、证交所、证券登记清算机构及证券期货信息中介机构交易功能且可接入证券公司的影子型证券交易系统。然而，该影子系统不具有证券中介机构的自律功能，也不受证监会监管，因此证券融资交易的信息供给，尤其是融资杠杆及记录和反映证券市值的证券市场基础设施的信息的供给，均失去了制度土壤。同时，配资公司、信托、资管公司、互联网金融移动支付平台及 P2P 平台，相对于客户的优先受益权，既让客户有可能获得高融资杠杆，也为配资公司"合法"抛售客户质押的担保证券，进而导致证券市值下跌埋下了隐患。

　　在处罚配资公司、恒生集团及接入恒生 Homs 等交易软件的证券公司的同时《场外证券业务备案管理办法》出台，该办法规定证交所和中小企业股转系统以外的证券资产融资业务及场外证券业务的技术系统、登记、托管与结算、第三方接口等后台和技术服务外包业务，或证券公司等中介机构从事前述业务的，须到证券业协会备案。[1]2015 年上交所及深交所《证券交易所程序化交易管理实施细则（征求意见稿）》亦出台，将程序化交易界定为通过既定程序或特定软件，自动生成或执行交易指令的交易行为，并规定证券公司可在完成验证测试和风险评估的基础上，接入符合证券业协会的风控功能和管理标准的客户程序化交易系统。[2]

　　这两个规定，不仅推进了影子型证券交易规制，而且打开

---

〔1〕《证券公司融资融券业务管理办法》第 2 条和第 3 条。
〔2〕《证券公司融资融券业务管理办法》第 3 条和第 15 条。

了场外流动性场内化的闸门，对我国证券交易系统的多元化以及场外融资人向场内供给流动性及信用风险的行为，都有所回应。这一回应具有合理性。然而，为应对投资者融资需求及多元化证券交易系统对证券市场基础设施的挑战，而打开的场外配资场内化的闸门仍面临着集中授信型证券融资交易的规制与市场分散型证券融资交易的规制二者之间不兼容的问题。该问题在我国表现为这两类证券融资交易之信用风险在规制逻辑上的差异，也即转融通交易的净资本规则与影子型证券融资交易的担保化规制之间的差异。

第二章
证券融资交易规制失灵的原因探析

第一节　证券融资交易信用风险规制逻辑

证券融资交易是指证券公司向客户出借资金供其买入证券并收取担保物的行为。[1]因而，证券融资交易是信用风险交易，即资金融出人转移其金融资产杠杆给资金融入人并获得收益的交易。在集中授信型证券融资交易中，证券公司等资金融出人的信用风险主要来自于其与集中授信机构的债权融资关系。在市场分散型证券融资交易中，作为资金融出人的中介机构的信用风险主要来自于其与中介机构客户的债权融资关系或股权融资关系。

因而，证券融资交易同时也是信用风险转换交易，即把资金融出人对集中授信机构的信用风险或对中介机构客户的信用风险，转换为资金融入人对资金融出人的信用风险。依循证券融资交易的信用风险转换路径，其信用风险规制逻辑既须以证券市场融资额与实体经济需求吻合为约束，也须以证券融资的

---

〔1〕《证券公司融资融券业务管理办法》第 2 条。

流动性为约束。所谓流动性是指不改变资产价格而通过资产获得融资，或者不改变交易主体融资成本而获得覆盖交易主体信用风险的融资。该界定来自《巴塞尔协议（Ⅲ）》对流动性覆盖率（liquidity coverage ratio）的界定。流动性覆盖率是指金融机构的高质量流动性资产与其立即（30天之内）应对严重流动性压力所需资金总额的比例。根据该界定，流动性覆盖率有两个要素，分别是高质量流动性资产及应对信用风险所需之现金总额。这两个要素若被适用于证券融资交易的流动性风险，则可被解释为投资者现金担保与证券担保对证券融资信用风险的覆盖。具体表现为以初始保证金和证券担保物，对证券融资的初始信用风险的覆盖，以及通过维持保证金和扣减折算额之后的证券担保物，对因证券市值变化而出现的变动型信用风险的覆盖。

在货币市场向证券市场融资无交易成本的情况下，证券融资交易的流动性是指投资者的保证金与证券担保物的回报率能够等价补偿融资杠杆率。因而，证券融资交易是否具有充分的流动性是衡量单一证券的融资杠杆是否超过该证券市值的增值空间的依据，也是衡量证券市场的融资杠杆是否超过实体经济需求的依据。易言之，以维持保证金、担保证券折算率和担保物处分为主要内容的保证金交易规则形成了一个保证投资者担保物净值与证券回报净值可持续补偿证券融资交易杠杆的流动性循环。若投资者担保物净值与证券回报净值无法补偿证券融资交易杠杆，则维持保证金、担保物折算率及证券担保物处分等规则的应用会强制投资者抛出证券、引起证券价格下跌、诱导投资者降低证券融资。因而，该流动性循环也保证融资额始终维持在可发现证券市场价格的均衡点上。

所以，在将资金融出人的信用风险转换为资金融入人的信用风险的证券融资交易中流动性保障是根本问题。实际上，当金融市场主体以融资杠杆来支持金融交易时，流动性问题就成为与金融交易的稳定性密切相关的问题。于 1983 年提出融资流动性问题的 Diamond and Dybvig，就将高质量流动性资产即存款与短期债务的比例视为融资流动性的重要问题，并认为引发金融危机的关键因素并不是融资杠杆率过高，而是与即将到期的债务相比，高质量流动性资产的比例过低。

综上，流动性保障在证券融资交易信用风险转换中具有根本性，因此证券融资交易的信用风险规制，须以高质量流动性资产来覆盖资金融出人对资金融入人所转换之信用风险为逻辑进路。在集中授信型融资规制中，该逻辑分别表现为集中授信机构以净资本规则对资金融出人的信用扩张的约束，以及保证金交易规则下投资者为资金融出人提供的高质量流动性担保资产。在市场分散型融资规制中即我国的影子型证券融资规制中，该逻辑表现为投资者对资金融出方提供的高质量流动性担保资产、资金融出方的金融商品客户或金融服务客户从该高质量流动性担保资产的收益中获取的收益分配权，对资金融出方与证券投资者所转换之信用风险的双重约束。

第二节　集中授信型证券融资交易信用风险规制

《证券公司融资融券业务管理办法》第 2 条、第 13 条及第 24 条等规定了客户向证券公司融资的保证金交易规则。客户提交一定比例且可用证券冲抵的保证金，即可向证券公司融资买入证券，并以证券收益偿还融资债务。依据保证金交易规则，尽管投资者保证金及担保物总额不得低于融资额，但投资者可将融资买入证券作为融资担保物，因而实际上，投资者可利用仅占融资额一定比例的保证金进行杠杆型融资。

证券公司施行证券融资交易的资金来源，主要是证金公司的融资。《证券公司监督管理条例》（2014 年已修订）规定，证券公司从事融资融券业务，自有资金或证券不足的，可以向证券金融公司借入，证券金融公司的设立由国务院决定。2020年《转融通业务监督管理试行办法》（2020 年已修正）规定，转融通业务是指证券金融公司将自有或依法筹集的资金和证券出借给证券公司，以供其办理融资融券业务的经营活动。所以，我国转融通与日本集中授信型证券融资模式较为相似，均通过具有一定市场垄断地位的证券金融公司专门向证券公司融资，从而严格控制货币市场与证券市场之间的信用交易。[1]

依据 2020 年《转融通业务监督管理试行办法》（2020 年已修正），证券公司以现金比例不低于 15%、其余可通过证券冲抵的保证金向证金公司融资；证金公司确定并公布可冲抵保证金证券的种类和折算率、逐日计算证券公司交存保证金价值与所欠债务的比例、据此执行维持保证金或中止转融通等规则。[2] 该规则可被视为证券公司向证金公司融资的保证金交易规则。

综上，在我国集中授信型证券融资模式下，《证券公司融资

---

[1] 参见冯佳："转融通业务模式选择"，载《中国金融》2011 年第 20 期；陈红："海外证券信用交易规制的比较研究及其启示"，载《法商研究》2007 年第 6 期。

[2]《转融通业务监督管理试行办法》第 20 条和第 22 条。

融券业务管理办法》及《转融通业务监督管理试行办法》所确定的双重保证金交易规则，是证券公司将其向证金公司融资的信用风险转换为投资者向证券公司融资的信用风险的依据。然而，融资杠杆及证券公司所转换之信用风险，均不能超过以实体经济为依托的证券市值的真实可增值空间。易言之，融资杠杆及证券公司所转换之信用风险，均不能是无限制的。

因而，《证券公司融资融券业务管理办法》和《转融通业务监督管理办法》又分别通过证券公司及证金公司的净资本规则，为证券公司的信用风险转换提供了流动性保障。证金公司净资本与各项风险资本准备之比不得低于100%。证金公司净资本是在净资产基础上对资产负债等项目和有关业务进行风险调整后得出的综合性风险控制指标，证金公司按其对证券公司融资业务规模的5%，计提资金融出的风险资本准备。同时，在证券公司及证金公司的资产负债表中，其所融出的资金计入应收债权；客户及证券公司融入的资金计入应负债务。[1]因而，证金公司以自有资金、银行间债券、次级债及央行资金流动性为依托的净资本，对其向证券公司所融出资金的信用风险的覆盖率为100%；证券公司的净资本对其向投资者融出资金的信用风险的覆盖率为25%。

综上，集中授信型证券融资交易的信用风险规制逻辑在于以证金公司及证券公司的净资本规则所提供的流动性，来覆盖转融通及证券融资的双重保证金交易所转换的信用风险。实际上，通过证金公司及证券公司的净资本约束，证券转融通交易总额、证券公司融资交易总额及客户杠杆率等信用风险，都通

---

〔1〕《转融通业务监督管理办法》41条；2012《关于证券公司风险资本准备计算标准的规定》第（五）条；财政部《企业会计准则解释第4号》。

过转融通及证券融资的保证金交易规则被固定了下来。净资本规则所设置的高流动性资产，对证券公司所转换之信用风险的法定覆盖率要求，与商业银行存款保证金所覆盖之商业银行存贷款的信用风险转换也非常相似。

第三节　新型证券融资交易信用风险规制

一、新型证券融资交易信用风险：担保证券折价与逃离

实践中，绝大部分配资公司、信托、资管公司及 P2P 平台，并非依靠自有资金为投资者提供证券融资，而是作为融资中介，通过借贷、理财产品或资管产品等方式，向与其建立债权或股权投资关系的客户融资，而后再与场外证券融资交易的投资者建立配资关系。因而，在我国影子型证券融资交易中，配资公司、信托、资管公司或 P2P 平台等融资中介，将债权投资客户或股权投资客户的信用风险转换为证券融资交易的资金融入人的信用风险。由于配资公司等影子型证券融资交易的资金融出方，是依据借贷、信托理财、资产管理或线上融资等市场化投资收益分配关系，从个人、企业或其他投资者手中获得的融资，因而在证券担保及信用风险转换上，与美国证券担保回购契约融资非常相似。证券担保回购契约融资的广泛应用是美国 2008 年金融危机爆发的重要原因之一。在危机之前，证券投资组合机构如保险公司或养老保险基金等主体，由于融资压力，以证券质押及回购的方式从投资银行获得融资。投资银行通常会以这些证券为担保物从货币市场基金获得融资。货币市场基金还可能再次以这些证券作为担保，从其互换对手方处融资。所以，

以证券担保为媒介，投资银行将证券投资组合持有者对其客户的信用风险转换为投资银行对货币市场基金的信用风险。这一过程是通过以证券担保为媒介的投融资转换实现的，也即以证券作为担保物，投资银行所获得的来自货币市场基金客户及互换对手方的投资被转换成了投资银行向证券投资组合机构的投资。

所以，我国影子型证券融资及美国担保证券回购型融资的相似之处在于均以担保证券为媒介，将资金融出方对投资者的信用风险转换为资金融入方对资金融出方的信用风险。只是我国影子型证券融资，以现金担保物覆盖了资金融出方所转换之部分信用风险，从而让证券融资的主要信用风险集中于担保证券的流动性所覆盖的信用风险。

证券担保融资，也被认为是与银行型融资相对的市场型融资。银行型融资，是以商业银行净资本约束及央行存款准备金规则来维持央行信用，并将其背书给商业银行的借款人。市场型融资则脱离了商业银行的期限转换、流动性转换和信用转换以及中央银行的信用背书，以担保性金融资产为融资媒介。具体而言，市场型融资是在确保担保性金融资产之流动性可覆盖融资信用风险的前提下，由金融机构资产负债表外的现金池或非金融机构的现金池为投资者提供的融资。投资银行的对冲基金及非金融机构的融资，均属此类以现金池和担保型金融资产为基础的市场型融资的典型。

证券担保型融资的信用风险的核心在于证券担保物与所覆盖之信用风险的比例关系，表现为证券担保物市值的现实折算率，也即证券担保物的折价。这是因为证券担保融资是短期金融资产融资的一种，是以货币市场工具、银行负债等产生现金流的金融资产的担保为信用支持、降低资金融入方的逆向选择行为的融资。短期金融资产融资，是对市场主体去集中化的、由货币市场向证券市场融资的需求的回应。因而，其并非传统银行型集中信用供给，而是市场分散型私人信用供给，是以私人资产的所有权或用益物权为基础的融资。

在证券担保型融资中，不存在集中授信机构，亦无资金融出方净资本规则对市场型投资者与资金融入方之间的信用风险转换额度的约束。所以，在证券价格变动时，证券担保物所覆盖的信用风险比例越高，为维持资金融出方与资金融入方的初始信用需要被处分的担保证券就越多，对证券价格下行产生的影响也就越大。

下行证券价格与原证券价格的比例关系是通过证券的现实折算率表现出来的。所谓折算率，是指在非银行或非集中清算型证券融资交易中以融资担保证券两年以内的市值变化为依据，计算出的担保证券因类型、市值、发行人信用、剩余到期日、价格敏感度、可预期流动性、证券评级、清算风险及融资交易对手方违约风险等产生的折价率或贬值率。我国 2015 年《证券公司融资融券业务管理办法》也规定，证券公司为客户融资所收取的保证金及可冲抵保证金的证券的种类、折算率，由证交所决定，证交所应当对可冲抵保证金的各类证券制定不同的折算率。2013 年欧盟金融监管委员会《非集中清算融资交易折算率规则》规定，以金融资产作为担保物来覆盖证券融资交易的信用风险或系统性风险的，须依据金融资产的风险敞口来计算其折价率。

由于证券担保物市值的现实折算率体现了证券担保物与所覆盖之信用风险的比例关系，因而，也是市场自发确定的影子型证券融资交易的信用风险约束逻辑。实际上，在证券担保型融资中，市场型投资者与资金融入方的信用风险转换约束在于作为融资媒介的担保证券自身。在证券市场价格下行时，证券融资担保约束呈现保证金螺旋，即保证金的提高和处分证券担保物的增加与证券价格的下行交替运动；在极端市场情况下，证券担保物流动性枯竭与证券价格下跌甚至可能同时出现。

综上，在去集中化证券融资交易中，市场自发确定的信用风险约束逻辑，是以担保证券折算率的高低来呈现和预警证券担保物流动性所覆盖的信用风险的大小。具体而言，担保证券真实折算率越高，表明证券担保物覆盖的资金融出方所转移之信用风险越多，担保物价值被稀释的程度也就越高，这也被称为担保证券的非流动性折价。我国股市波动之前，配资公司、信托、资管公司和 P2P 平台，利用恒生 Homs 系统和移动支付平台，以 50% 的保证金比例向其虚拟账户中的客户提供两倍到十倍不等的融资杠杆，说明投资者用于冲抵保证金的证券所覆盖的信用风险在略低于证券市值到五倍于证券市值之间。所以，不难想象，在证券市值发生波动，且配资公司、信托、资管公司以处分担保证券的方式去杠杆后，担保证券的真实折算率或真实流动性折价早已远远超过证交所按 50% 的保证金比例及证券市值的波动而确定的折算率。

同时，在去集中化证券融资交易中以担保证券的真实折算率为依据的市场型信用风险约束逻辑，会诱导资金融出方约定担保物处分权。易言之，证券担保融资能以担保证券为媒介，将资金融出方与客户的信用风险转换为资金融入方与资金融出方的信用风险，是因为融资合同对资金融出方享有担保证券处分权进行了规定。由于资金融出方的担保证券处分权可成功预防资金融入方的道德风险，因而可让资金融出方免于承受信用风险。实际上，我国影子型证券融资中即规定配资公司、信托、资管公司或 P2P 平台，有权在客户无法补足保证金时处分客户担保物。在美国的担保证券回购型契约中，作为资金融出方的投行等机构，也有权处分资金融入方质押的证券。然而，证券担保物处分额与证券真实折算率的上升、证券价格的下行和市场流动性的枯竭之间是呈正相关关系的。我国股市波动中，配资公司等影子型证券融资主体强制平仓的频率与证券市值跌停的频率同步。美国 2008 年金融危机中，被认为引爆危机的担保证券回购协议的到期日逃离，实际上是指占金融市场份额不大的货币市场基金在短期回购协议到期后，立即赎回保证金或处分质押证券。

因而，在担保证券融资协议中，担保物处分权相当于给有权处分担保物的资金融出方，以优先从证券融资交易中获取收益的权利。在我国影子型证券融资中，配资公司、信托、资管公司和 P2P 平台，是通过在配资协议中复制场内证券融资交易的保证金规则而获得了该优先收益权。在美国证券担保回购契约中，投资银行、货币市场基金及其互换对手方，则依担保物处分权而获得了证券融资交易的优先收益权。然而，与资金融出方的优先收益权相对的，是包括其客户在内的其他市场主体的劣后收益权。该劣后收益权，发生于影子型证券融资的资金融出方启动其优先收益权，导致证券担保物折价，进而证券市价下行、市场流动性不足甚至枯竭。

二、担保证券折算率法定及优先收益权之限制

如前述，在去集中化的证券融资交易中，市场自发确定的信用风险约束逻辑是以担保证券折算率的高低，来呈现和预警证券担保物流动性所覆盖的信用风险的大小，并会诱导资金融出方约定担保物处分权。因而，担保证券折算率法定及优先收益权之限制就成为影子型证券融资交易的信用风险规制逻辑。

担保证券折算率法定对于防止资金融出人在优先收益权保障下，产生逆向激励、提高担保证券所覆盖的信用风险的额度具有重要作用。因为过高的担保证券真实折算率会在证券市值发生波动时加速其贬值。实际上，在资金融出人可通过处分证券担保物而获得优先收益权时，证券担保物在短期内所转换之信用风险，并无异于让资金融出人获得与该信用风险等值的现金收益；也无异于让资金融入人在资金融出人行使优先收益权时，失去与该信用风险等值的现金。作为 2009 年欧洲金融危机治理的深化措施，欧盟金融稳定委员会于 2014 年发布的《关于非集中清算证券融资交易折算率规则》对不同类型及不同到期日的金融资产的折算率都作了规定，并要求以担保型金融资产为媒介，获得短期融资的非银行金融机构及其他机构都须适用该折算率。依据发行人及剩余担保期限之差异，证券折算率在 0.5% 到 7% 之间。因而，担保证券的真实折算率法定是依循影子型证券融资交易的信用风险生成路径而演化出来的信用风险规制逻辑。

同时，在影子型证券融资交易中，资金融出方同意投资者以真实折算率过高的证券来覆盖该交易所转换之信用风险的根源，在于资金融出方依协议享有优先收益权。然而，在非集中

授信型证券融资交易中，资金融出方不受双重净资本规则约束的优先收益权的行使于证券市值波动时，会导致担保证券贬值、市场流动性下降及仅享有劣后收益权的资金融入方或其他投资者利益受损。

易言之，集中授信型证券融资交易的担保物处分权，在去集中化的影子型证券融资交易中发生了异化。实际上，美国金融危机之前，资金融出方也依据美国《破产法》中的担保证券处分的安全港而获得于债务人破产时的担保物处分权及优先收益权。所以，一方面，美国 2010 年《多德-弗兰克法案》提高了证券融资等交易的资金融出人的审慎监管标准，要求进行证券融资或证券担保回购等交易的非银行金融机构或其他机构，计提其在此类信用风险交易中的风险暴露，并据此计提附加风险资本。[1]另一方面，《多德-弗兰克法案》的审慎监管标准只有在美国《破产法》的证券融资及担保证券回购型融资的债权人的安全港规则受到限制的前提下，才能真正发挥作用。因为美国 2005 年《破产法》规定，证券融资或担保证券回购协议等交易的债权人，也即资金融入方的交易对手方，可通过担保证

---

〔1〕　Dodd-Frank Wall Street Reform And Consumer Protection Act. , Sec. 115（b）（H）&（g）；Sec. 165（3）（B）&（C），Section 171（7）&（B）（i）项。在审慎监管标准方面，Dodd-Frank Wall Street Reform And Consumer Protection Act. , Sec. 115（b）（H）以及（g）专门对短期债务融资单独设立审慎监管标准，以降低系统性风险、维护金融稳定、提高非银行金融机构的审慎监管标准。在信用风险暴露方面，该法 Sec. 165（3）（B）以及（C）要求非银行金融机构在证券融资、融券交易、证券担保型回购或逆向回购交易中的信用风险均须计入其信用风险暴露。在附加资本方面，该法 Sec. 171（7）规定，联邦银行须考虑对非银行金融机构等主体设置额外的风险资本要求，若非银行金融机构从事本条（B）（i）项规定的证券融资行为、融券行为、证券担保回购交易、逆向回购交易、金融衍生品或资产支持证券交易行为，则须符合附加资本要求，从而降低其给金融市场带来系统性风险的可能。

券清算和结算等方式，优于一般破产债权人获得收益，且不受债务人取回保证金或担保物等行为的影响。[1]该安全港规则所覆盖的证券和交易包括作为证券回购协议之担保支持的一般证券、政府债券、抵押贷款证券或抵押贷款关联证券。[2]或者说，在资金融出方依据美国《破产法》的安全港规则所获得的担保物处分权及优先收益权并不受限制的情况下，审慎监管标准不仅对资金融出方并无现实约束力，而且仍会随着证券市值的波动，被转嫁给资金融入方和其他投资者。

实际上，欧盟证券市场委员会也要求加入集中清算交易对手方机制的场外证券融资交易主体须遵守资本准备金要求和违约掉水程序（default waterfall），从而在资金融出方与融入方之间分担和分散证券融资交易的信用风险，而非将该信用风险扩散到交易对手方之外的市场并增加系统性风险。资金融入方和融出方须提交初始保证金、维持保证金和违约基金，从而覆盖

---

〔1〕 U. S. Bankruptcy Code, Sec. 555-Sec. 559 保障证券担保回购协议债权人通过清算和结算等方式，优先于一般破产程序债权人取回收益的权利。U. S. Bankruptcy Code, Sec. 362（b）（7）及 Sec. 362（o），保障证券担保回购协议交易对手方，对担保证券、保证金或债务人提供的其他担保物的处分权，从而让其相比起一般破产清算程序中的债权人获得优先收益权。U. S. Bankruptcy Code, Sec. 546（f）及 548（d）保障担保证券回购协议交易对手方，不受一般破产程序中债务人取回保证金、担保物或依据回购协议提前清算的行为的影响。U. S. Bankruptcy Code, Sec. 362（b）（7）；Sec. 362（o）；Sec 546（f）& 548（d）；U. S. Bankruptcy Code, Sec. 362（b）（7）；Sec. 362（o）；U. S. Bankruptcy Code, Sec. 546（f）；548（d）.

〔2〕 U. S. Bankruptcy Code, Sec. 101（47）；Sec. 741（7）. 回购协议在该条中被界定为提供如下金融工具的协议，主要包括：（1）存款凭证；（2）银行存兑票据；（3）美国任何机构或政府直接支持的证券，或其所保障的证券或通过这些证券收益保障的证券。美国立法机构还拓展了 U. S. Bankruptcy Code, Sec. 741（7）中的证券协议，扩展后的证券协议包括：证券的买卖、销售或贷款；存款凭证、抵押贷款、抵押贷款收益以及前述证券或其收益的集合或指数；或前述证券或收益的期权，或前述证券或收益的任何回购协议或回购交易。

场外证券融资交易的违约风险、市场风险、运行风险、法律风险和商业风险。若融资交易主体无法偿还融资，则集中清算机构须按保证金、违约及非违约交易对手方违约基金的清算程序，以交易双方的资本准备来覆盖交易的信用风险。未加入集中交易清算机制的证券融资交易，则因担保证券只能适用非常低的折算率，而降低了资金融出方行使担保物处分权及优先收益权对证券市值的影响。

综上，由于影子型证券融资交易的信用风险集中于担保证券折价过高及资金融出人依据担保证券处分权而获取的优先收益权，因而，影子型证券融资交易的风险规制逻辑也以担保化证券折算率法定及限制资金融出人的优先收益权为核心。实际上，在证券融资交易中，要降低资金融出人允许投资者适用极高的担保物真实折价率的逆向激励，就必须降低资金融出人因行使担保证券处分权而能获得的优先收益权的能力或水平。

第四节　信息供给差异

证券融资交易的信用风险规制是其信息供给的制度基础。我国集中授信型证券融资交易与影子型证券融资交易，在信用风险规制逻辑上的差异决定了这两类交易在信息供给上的不同。集中授信型证券融资交易，以《证券公司融资融券业务管理办法》的双重净资本规则来约束投资者及证券公司依据证券融资保证金交易及转融通保证金交易所能转换的信用风险的额度。因而，一方面，保证金交易规则对交易透明度的要求为证券融资交易的信息供给制度奠定了基础。另一方面，国务院设立专门的集中授信机构来转移货币市场与证券市场之间的流动性，决定了场内证券市场基础设施在证券融资及转融通交易的信息供给方面的基础性地位。因而，投资者的证券交易总额、融资杠杆率、总融资额、融资买入额等反映保证金交易杠杆及证券公司和证金公司的净资本是否充足的信息，都可以通过集中授信型证券融资交易的信用风险规制机制，如投资者交易账户及信用账户的实名制，或证券公司、证交所和证券期货信息存储机构对融资杠杆率和融资买入额等信息的记录来予以供给。

然而，影子型证券融资交易是去集中化的、以担保证券及保证金为媒介，在资金融出人与融入人之间转移信用风险的分散授信型证券融资交易。因而，其信用风险规制的关键，在于约束担保证券所覆盖的信用风险的额度、资金融出人依据担保证券优先处分权而放任或提高信用杠杆的逆向选择。所以，担保证券的质量、流动性、融资杠杆、资金融出人担保物处分权类型或其他收益分配权等信息，均是实现影子型证券融资交易的透明度的关键信息，亦是影子型证券融资交易的信用风险规制应予供给的信息。

与集中授信型证券融资交易不同，在影子型证券融资交易中，仅以资金融出方客户对证券的可及性及发出交易指令的可能性为前提，资金融出方就可以以证券为担保物，从货币市场向证券市场融资，并通过复制场内保证金交易模式而获取优先收益权。同时，随着互联网技术、P2P 等互联网融资模式及移动支付清算业务的发展，资金融出方客户获取证券及向场内传递交易指令的途径也越来越多样化和复杂化。

所以，证券融资交易的信用风险规制，作为信息供给的制度基础，须兼容影子型证券融资交易，将记录及沉淀资金融出方客户的账户、融资、报价及其他指令等交易信息的影子型证券交易基础设施均纳入证券融资交易信用风险规制之列。影子型证券交易基础设施，包括各类融资、报价及信息通道，以及具有类似通道功能的收益互换等衍生品交易等。

综上，我国证券融资交易已自发地从集中授信型证券融资交易向影子型证券融资交易拓展。然而，信用风险规制机制却仍以场内证券基础设施为依托，并仅集中于净资本要求下的保证金交易规制。因而，以影子型基础设施为依托、以担保证券为媒介的影子型证券融资交易，呈现出信息供给空白及信用风险规制失灵的现状。易言之，集中授信型与影子型证券融资交易在信用风险规制逻辑上的差异，是影子型证券融资交易信息供给失灵、信用风险规制失效并引发股市波动的根源。

第三章

新型证券融资交易规制的全球视角

第一节 交易基础设施的规制

如前述，信用风险规制是信息供给的制度基础。近期的股市波动是集中授信型与影子型证券融资交易信用风险规制不兼容而导致信息供给失灵的结果。受净资本规则约束的集中授信型证券融资交易，在双重保证金交易的信用风险规制逻辑中，其信息供给主要依赖于为投资提供账户、融资、信息、指令传递及指令执行的场内证券基础设施。然而，以担保证券为媒介的影子型证券融资交易为防范资金融出方以担保证券覆盖过高的信用风险，须以担保证券真实折算率法定及资金融出方优先收益权之限制作为其信用风险规制逻辑。因而，影子型证券融资交易的信息供给，亦须覆盖投资者对担保证券具有可及性的所有主要途径，以及影响担保证券真实折算率及授予资金融出方以担保物优先处分权的所有主要途径。

同时，影子型证券融资交易并不受转融通净资本要求及证券融资保证金交易规则的约束。投资者对担保证券具有可及性的路径、投资者及资金融出方影响融资杠杆率及担保证券真实折算率的路径以及投资者授予资金融出方以优先收益权的路径，就不限于执行场内保证金交易规则的证券交易基础设施。

实际上，配资公司利用恒生 Homs 系统及信托、资管账户、P2P 平台和互联网金融移动支付平台，即为客户提供了一个可进行开户、融资、信息传递、报价、清算及发出其他交易指令的电子化交易通道。该电子化交易通道，通过恒生 Homs 系统的虚拟账户和屏幕化交易在证券公司及中国证券登记清算公司的实名账户制度之外，建立了电子化的证券市场准入系统；在证券公司、证交所、证券期货经营机构的信息及指令系统之外，建立了信息、报价及其他交易指令的传递及交易指令执行的通道；又通过信托、资管账户及互联网移动支付平台的清算功能，在证券登记清算公司、证交所和结算银行的清算和结算之外，建立了证券融资的影子型清算系统。

所以，该电子化交易通道是通过建立独立于场内交易系统的证券市场准入系统、证券交易通道、信息及投资者指令传递等系统，将影子型证券融资交易的信用风险传递到场内。因而，要规制影子型证券融资交易的信用风险，并完善其信息供给制度，就需要先规制该电子化交易通道。这就需要重新界定包括投资者账户、屏幕化交易、场所化交易在内的电子化证券市场准入系统；重新界定包括信息、指令传递在内的证券交易通道；重新界定包括报价、融资等在内的投资者指令；同时，结合证交所等证券交易系统的多元化发展，重新厘定接入该电子化交易系统的证券公司及其他证券交易中介的功能，以应对该影子型电子化交易通道内，证券市场准入系统、证券交易通道及投资者指令与场内交易系统的巨大差异。

恒生 Homs 系统为配资公司提供的电子化证券市场准入通

道，属于非中介型电子化准入系统。配资公司购买作为阳光私募管理系统的恒生 Homs 系统后，将管理端的基金经理置换为在证券公司实名开户的配资公司、通过该系统的分仓功能获得配资公司实名账户的子账户的投资者。[1]以恒生 Homs 系统的电子化屏幕为通道，子账户内的投资者，即绕过证券公司及证券登记结算公司对投资者实名开户的管理，通过配资公司在证券公司的实名制账户获得了证券市场准入能力。

电子化准入系统是由证券经纪交易商或其他机构，以证券市场准入通道的方式，为系统客户提供的证券市场交易服务（direct electronic access，DEA）。以国际证监会组织的界定为例，中介型电子化准入系统，是指注册证券经纪交易商或注册证券中介机构以其基础设施为客户提供的证券市场准入服务。非中介型电子化准入系统，是指非注册证券中介机构以其基础设施为客户提供的证券市场准入服务。电子化准入系统，一般以自身交易行为如各类指令的方式，隐藏客户的交易行为，为客户进入证券市场提供准入通道。[2]从形式上看，交易指令之发出主体也即交易行为之责任主体，仅为电子化准入系统。所以，国际证监会组织（International Organization of Securities Commissions，IOSCO）认为电子化准入系统为其客户提供了匿名进入市场的便利，让投资者登记注册机构、证券经济交易商或证券清算机构等原证券市场基础设施无法获悉和记录投资者信息，降低

---

〔1〕　恒生 Homs 系统是阳光私募管理系统，以管理端和投资端之间、可进行分仓的电子化屏幕为管理平台，由私募基金管理者在系统的管理端，对处于投资端的私募客户的财务、动态风险和投资进行管理。

〔2〕　IOSCO：Policigs on Direct Electroic Access（Constation Report），2009，p. 8，available at：https：//www. IOSCO. org/liabrcory/products/pdf/ZoscoPD284. pdf，p. 9.

了市场透明度。[1]

非中介型电子化准入系统通常采用的屏幕化交易，正是恒生 Homs 系统为配资公司客户提供的匿名进入证券市场的方式。国际证监会组织将屏幕化交易系统界定为暴露于证券交易信用风险之下的非中介型证券市场主体，通过计算机硬件、软件、互联网通讯等系统或设施，为其客户提供的直接进入证券市场的模式，该界定强调屏幕化交易系统的基础设施及应用主体的多样性。美国证监会则认为屏幕化交易系统，是为系统付费者在匿名基础上获取市场信息并进行交易操作的系统。[2]强调了其以非中心化的方式，收集、执行和披露系统付费客户的指令的功能。

与此同时，为把虚拟子账户内投资者的市场操作，转换为配资公司的市场行为，恒生 Homs 系统还提供了一个内涵交易委托、信息查询、证券和资金的清算和结算等功能的证券交易通道。实际上，证券交易通道是随着互联网信息技术的发展及证券交易模式的多样化而出现的为客户或付费者提供信息、报价或其他交易指令的传递与执行的证券中介机构的客户，可以分为纯粹指令通道或具有价格发现功能的通道。[3]纯粹指令通道是指仅作为一般信息转换途径、为客户交易指令提供信息转换

---

〔1〕 IOSCO：Policigs on Direct Electroic Access（Constation Report），2009，p. 8，available at：https：//www. Iosco. org/liabrcory/products/pdf/ZoscoPD284. pdf，p. 9.

〔2〕 SEC，Re：Rsle No. S7-10-21 Request for Znfornaton and Comment on Broker-Dealer and Investment Adviter Digital Engagement Practice，Ralated Tools and Methods，and Regulate ory Considertions and Patential Approaches，p. 2，available at：https：//www. sec. gov/comment/S7-10-2/S71021-9315813-260049. pdf.

〔3〕 美国 SEC 采用的 Regulation SCI 中所称的交易通道（trading venues）是指交易市场的客户或者付费者，是证券中介机构的客户，也被称为交易通道或交易通道市场参与者。

机制，并到其他交易机构或交易程序中去执行的通道。[1]部分纯粹信息指令通道，可作为独立于注册或非注册证券交易中介机构的独占性证券信息转换中心或枢纽，被称为独占性信息转换通道。部分交易通道尽管并非注册证券经纪交易商、证交所、证券清算结算机构或证券自律机构，但是，其可以复制证券经纪交易商的接收或收集客户指令、分配或传递指令给证券交易所的所有功能，因而被称为证券经纪交易商内部化交易通道。[2]同时，证券交易通道可以通过报价过滤系统，将多元化交易方的询价或报价等交易指令或反映通道利用者证券交易利益的指令集中起来，在交易通道内集中执行指令或链接到证券交易所内执行指令。[3]因而，此类交易通道被认为具有价格发现功能，并且复制了广义上的证券交易所功能。[4]不仅如此，由于部分交易通道集合了证券经纪交易商的指令接收、传递功能及证交所的指令报价过滤、匹配与集中执行的功能，所以，部分交易通道就类似于证券或期货集中交割的中央交易对手方，

---

[1]　Regulation of the National Market System, rule 3b-16（b）（1）.

[2]　Regulation of the National Market System, rule 600（b）证券经纪交易商内部化（broker-dealer internalization）主要是提供非公开流动性。场外做市商或证券大宗交易是交易通道内部化证券经纪-交易商交易的主要形式。Regulation of the National Market System, rule 600（b）规定，OTC 做市商是指"任何持有执行、并愿意成为客户的买方或卖方的交易商或其他主体。在美国，全国市场系统股票的账户——在惯常基础上或连续几场上——都低于大额交易规模的全国证券交易系统，即为场外做市商。"大额交易是根据 rule 600（b）（9）来界定的，是指至少 10 000股的交易指令或者等量于 20 万美元以上的股票交易量。所谓大额交易商，通常是指任何券商在执行商业行为中不论是作为委托人还是代理人，都在为客户执行大额交易。

[3]　Regulation of the National Market System, rule 605 中的指令通道系统（order routing system 是否界定为交易所，取决于是否有报价。

[4]　Regulation of the National Market System, rule 3b-16.

可以借助电子化交易系统的交割与清算功能，在通道内部完成清算。交易通道的清算功能也是其价格发现功能的重要辅助。因而，证券交易通道是可以复制证券经纪交易商、证交所或证券清算机构等注册证券中介的综合性功能的证券市场基础设施。

实际上，证券市场准入系统和证券交易通道的多元化、复杂化且独立于受严格规制的场内证券交易基础设施，不仅是互联网技术及其所驱动的新型交易模式日趋多样化的结果，而且是投资者的基本交易行为日渐多元化的结果。易言之，在投资者报价及其他交易指令日渐多元化的推动下，投资者进行交易指令传递、信息转换、集中交易及收益分配的基础设施，才会越来越呈现出与场内证券交易几乎完全不同的多样性和复杂性。

在配资公司融入资金的投资者，是通过恒生 Homs 系统的电子化交易屏幕、经恒生 Homs 系统交易通道及配资公司账户的信息与指令传递功能而完成报价的。易言之，配资公司通过恒生 Homs 系统及配资公司账户的市场准入通道和交易通道，增加了投资者向证券公司报价和传递指令的途径。然而，在投资者对证券市场可及性增加的同时，投资者的报价与指令也与《证券法》第 132 和第 133 条、《证券公司融资融券业务管理办法》第 18 条及《上海、深圳证券交易所交易规则》第 5 条、第 6 条、第 7 条规定的投资者直接委托证券公司买卖证券，再由证券公司以证交所会员的身份将投资者指令传递到证交所交易主机及交易场所的程序有所不同。那么，投资者通过恒生 Homs 系统和配资公司账户，向证券公司和证交所传递的交易指令以及投资者委托证券公司向证交所提交的报价，是否应被视为受《证券法》及《上海、深圳证券交易所交易规则》等规制的投资者交易行为；同时，在投资者及融资中介，将监管套利之手延伸到了证券交易信用风险的源头，即投资者的基本交易行为时，证券法又应当如何予以回应都成为亟需回答的问题。

实际上，这一问题在证券交易规制日趋完善及投资者不断寻求新的监管套利空间的博弈中始终存在。相比起我国以互联网技术和互联网金融的发展为依托，由恒生 Homs 系统及配资公司客户通过证券市场准入系统和交易通道，对投资者报价和指令等基本交易行为做的细微变革，美欧投资者基本交易行为的变革更为深刻和多样化。美欧证券市场投资者、注册或非注册证券中介机构等主体，不仅以各类场外交易通道复制证券经纪交易商和证交所功能，而且还混淆或弱化投资者报价及指令传递的表意形式，以规避证券公司及证交所对投资者报价或其他交易指令的过滤和审查。

所以，美国自《国内市场法案》开始即重新界定报价及指令等基本交易行为，将其自1970年代至今50余年的变化与发展涵盖在《国内市场法案》及证券交易委员会的规定中。报价是指全国证交所成员或全国证券协会成员，以购买全国市场系统内的证券为目的，向证券经纪交易商或其他证券中介机构提供的出价。[1]实际上，为规范全国统一证券市场，将证券的买方和卖方如个人投资者、机构投资者或中介机构集中起来，并通过设定行为规则和制定交易记录等方式进行自律性管理的机构或电子交易网络，均被界定为另类交易系统。[2]另类交易系统须被注册为证券交易所，除非其交易量不足而只能注册为证券

---

[1]　Regulation of the National Market System；system，rule 600（b）（8）；Securities Exchange Act release no. 14415，43 FR 4342，

[2]　Regulation of National Market System rule，300（a）；电子交易网络（electronic communication networks，ECNs）根据 rule 602（b）（5）（ii）也被作为另类交易系统。

经纪交易商，或者其已经通过其他途径成为美国证券业协会会员。[1]所以，《国内市场法案》所规定的、作为报价主体的全国证交所成员或全国证券业协会成员，就涵盖了传统证交所或证券经济交易商之外的、具有集中交易或自律监管功能的注册或非注册证券中介机构。

因而，依据美国《国内市场法案》300（a）、600（b）（8）对证券交易所及证券经纪交易商的宽泛性规定，在非注册证券中介机构所提供的私人交易通道如电子交易通道内，广义上的证券经纪交易商在接受投资者委托后，对包括另类交易系统在内的证券交易所发出的报价也被涵盖在美国《国内市场法案》所规范的全国证券市场系统之中。这些规范将投资者委托注册证券经纪交易商或其他场外机构，向另类交易所或传统证券交易所作出的反映投资者买卖证券的报价均规定为公开报价，因而保证了证券市场的透明度。[2]

不仅如此，为了扩大报价的内涵、维持证券市场透明度，非公开利益表示，作为报价的替代性表意形式，也被涵盖在美国《国内市场法案》600（b）（8）对报价的界定之中。非公开利益表示是指投资者通过证券经纪交易商或其他私人交易通道作出的影响证券交易利益变化的指示行为。投资者证券交易利益包括证券价格、价格指数或相关价格变量。相关价格变量不限于证券市场价格变量，还包括其他相关市场如期货市场或现

---

〔1〕 rule 301（a）；美国《国内市场法案》rule 300（a）及 rule 602（b）（5）（ii）.

〔2〕 Regulation of National Market System rule 602 所规定的场外做市商，以及 Alternative Trading System rule 301（b）.

货市场的交易行为所引起的证券市场价格波动。[1]非公开交易利益表示在 1990 年之后的美国证券市场就已存在，其通过私人交易通道如暗池，有选择性地将投资者买卖证券的意向传递给其他投资者或证券中介机构。这种通过私人交易通道，向非公开主体、以非公开方式传递交易意向的交易方式，一方面增加了投资者控制交易价格的能力，另一方面也导致美国《国内市场法案》对非公开利益表示的法律性质认定的困难。所以，1998 年美国《证券交易法》修订时，仍为将投资者在美国《国内市场法案》300（a）及 600（b）（8）规定的公开交易途径之外、作出的影响市场价格的行为视为报价。然而，随着信息技术的发展，到 2010 年前后，美国证监会发现，投资者通过私人交易通道尤其是电子化交易通道以及在此类通道内发挥着报价功能的非公开利益表示，对证券市场的可及性和影响力越来越大。因而，美国证监会建议修订美国《国内市场法案》rule 600（b）（8），要求传递投资者非公开利益表示的私人交易通道须被视为另类交易系统，注册为美国证券业协会会员或证券交易所会员。[2]该修订弥合了美国《国内市场法案》rule 602 中的广义证交所会员、证券业协会会员及场外做市商等主体，传递投资者非公开交易利益表示却不受《证券交易法》规制的立法空白；将证交所、证券经纪交易商、另类交易系统及场外做市商所传递的投资者非公开交易利益表示也纳入美国《国内市场

---

〔1〕　SEC 提议修订 1934 年《证券交易法》针对非公开交易利益。

〔2〕　SEC 提议修订 Regulation of the National Market System，rule 600（b）（8）中关于"报价"和"出价"的定义（bid or offer），目的是将其适用于可执行的 IOIs 中（actionable IOIs）。

法案》所规范的报价范畴中了。[1].

由于报价是投资者指令的核心内容，因而，报价内涵的扩展也推动了投资者指令的重新厘定。指令是指投资者自己或委托证券经纪交易商发出的证券买卖的确定性意思表示，包括报价指令、交易执行指令或其他市场指令。[2]随着投资者发出证券买卖之确定性意思表示的形式及方式的多元化，注册为证券经纪交易商的另类交易系统等交易通道，若接受投资者的委托或自己作为委托人，其所发出的证券买卖的确定性意思表示也被视为指令。[3]易言之，不论证券的买卖交易双方以何种证券基础设施建立了交易关联，其所发出的报价及其他市场型指令都已被美国《国内市场法案》所覆盖了。

所以实际上按照美国《国内市场法案》对投资者基本交易行为的修订及内涵的扩展，证交所及证券经纪交易商概念的内涵也被扩大了。这是因为传统证券经纪交易商、证交所或其他注册证券市场基础设施之外的电子化交易通道或市场准入系统，也分别被界定为证交所会员或证券业协会会员了。

传统意义上的证券交易所，是指将证券买方和卖方集中在一起并履行集中交易场所功能的机构或设施。[4]该界定严格区分了具有集中交易场所功能的交易所与其他也可将证券交易集中起来的机构或设施，如电子化市场准入系统或电子化交易通道等。然而，互联网信息技术的发展，削弱了这一限制的意义。

---

〔1〕 Regulation of the National Market System, rule 602; Alternative Trading System, rule 301（b）（3）.

〔2〕 Alternative Trading System, rule 3b-16（c）.

〔3〕 Alternative Trading System, rule 300（e）.

〔4〕 Alternative Trading System, rule 3b-16 的规定是将传统被认为是证券经纪交易商的功能排除在了"交易所"的界定之外。

很多吸引证券买卖双方、集合其报价或其他指令并进行报价及指令匹配的系统，都由证券经纪交易商运行，有些还是注册为证券经纪交易商的另类交易系统。[1]因而，美国证券交易委员会非常详细地修订了证交所的概念。证交所被界定为通过提供交易便利或设施，将多元化买方与卖方的证券交易指令或利益指示集中起来并进行匹配的机构。新修订的交易所概念的核心要素包括：第一，交易所是将买方与卖方集中起来的系统或设施，这就不限于传统交易所。符合提供该集中交易条件的主体，还包括通过指令或其他规则集中交易者指令或证券交易的非公开利益表示的证券经纪交易商，也包括内化证券经纪交易商功能的其他市场主体。第二，交易指令的集合与匹配是否具有价格形成功能是判断把多元化买方与卖方集中起来的电子化交易系统，是否需注册为证交所的关键。第三，多元化的证券买方与卖方，并非仅指证券承销系统中向投资者承销证券的单一卖方，还包括符合证券交易的净资本、交易记录、信息追踪、风险管理等方面的金融可信度的机构投资者、交易所成员、可注册为证券经纪交易商的另类交易主体及证券清算协会会员。[2]只有仅在其他交易程序中执行投资者指令的纯粹指令通道、处理和执行私人做市商及非常有限的客户报价及指令的私人做市商系统以及单一证券经纪交易商的报价及指令的市场准入及信息查询等系统，才能被排除在证交所的概念之外。[3]综上，为投资者由证券经纪交易商、可注册为证券经纪交易商的私人交易通道或其他内化证券经纪交易商功能的注册或非注册证券中介机构，

---

〔1〕　Alternative Trading System，rule 3b-16.

〔2〕　多元化的买方与卖方或多元化的交易方。

〔3〕　Alternative Trading System，rule 3b-16.

所发出的证券买卖报价、非公开利益指示或其他交易指令，提供集中性指令匹配与执行的传统证交所与另类交易系统，均涵盖《另类交易系统》（Alternative Trading System）rule 3b-16 的证交所范畴之内。

美国《证券交易法》的修订也将注册为证券经纪交易商的机构的复杂功能呈现了出来。这些注册机构，是在投资者与该机构的发起人之间或发起人的投资者之间、或为了投资者利益，而收集、接收、分配或匹配投资者指令与市场指令的电子化交易系统，且该系统配置了证券买卖的基本协议。[1]只有当其交易量达不到注册证交所的要求时，其才能注册为证券经纪交易商。[2]因而，这类证券经纪交易商，实际上是内化证交所功能、与传统证券经纪交易商在结构及功能上均有差异的注册型证券中介机构。

所以，美国《证券交易法》的反复修订及美国《国内市场法案》的发展，既是立法与证券市场投资者、注册或非注册证券中介机构近40年的监管套利不断博弈的结果，同时也极大拓展了证券市场基础设施规制的覆盖面。这些修订从投资者的核心交易行为、证券经纪交易商及证交所范畴三个层面，将引入证券交易信用风险的投资者报价、非公开利益指示、准入系统、交易通道、集中交易方式及清算系统等本来不受监管的创新型交易模式，均置于监管范畴之内。

与此同时，美国《国内市场法案》及相关规范还从风险管理、自律协议及程序性交易等方面对注册为证券经纪交易商或

---

〔1〕 内部券商交易系统，Alternative Trading System，rule 17a-3（a）（16）（ii）（A）；17 CFR 240.

〔2〕 Alternative Trading System，rule 17a-3（a）（16）（ii）（A）；17 CFR 240.

证交所的证券市场准入系统及电子化交易通道进行规制，从而还原新型基础设施所掩盖和降低的市场透明度。市场准入系统及电子化交易通道需按照证券经纪商或证交所的市场准入规则对投资者尽审查义务，记录并保存投资者信息。同时，这两类系统均须保障其程序，尤其是信息过滤及存储程序的有效性。2012 年，SEC 诉 Latvia 公司案是典型的美国证券交易委员会对证券经纪交易商向非注册用户 Latvia 公司及其实际控制人 Nagaicevs 匿名进入证券市场并进行证券交易，进行处罚的案件。经美国证券交易委员会调查，Latvia 是一家电子交易公司，通过其电子交易平台为 Nagaicevs 等主体提供非注册证券交易服务。同时，有四家证券经纪交易商以自己所掌握的客户账户，为 Latvia 公司及其实际控制人 Nagaicevs 提供了匿名进入证券市场的便利。在未按照美国《国内市场法案》规定注册为证券经纪交易商或其客户的前提下，Latvia 公司及其实际控制人 Nagaicevs 又利用这四家证券经纪交易商提供的他人账户，同时还劫持了一个大型证券经纪交易商的客户账户，作为市场准入媒介和交易通道，通过 150 余次具有误导性的证券买卖、报价和清算，操纵证券价格。美国证券交易委员会认为，Latvia 等电子交易公司为 Nagaicevs 等非注册投资者，提供了利用他人交易账户作为在线交易通道，进入美国证券市场的服务。这些行为以匿名方式打开美国证券市场的大门，而且规避了《证券交易法》对证券经纪交易商须规范投资者市场准入及交易行为的要求。

同时，利用市场准入系统或电子化交易通道的投资者，须与该系统或通道签订自律协议。该自律协议由美国证交所协会或证券业协会制定。美国《国内市场法案》Rule 610 禁止市场准入系统或电子化交易通道通过附条件协议或收费等方式，对投资者或其他市场主体设置差别性准入协议或歧视性信息供给。[1]

注册为证交所的市场准入系统或电子化交易通道，须被美国证券交易委员会建立的 CTA、CQS 及 ITS 三类基础设施所覆盖，以提高市场透明度。CTA 是收集投资者及其他市场主体证券交易的综合性最终销售信息的基础设施。CQS 是收集所有上市证券的做市商的报价信息的基础设施。ITS 是建立各类交易系统和通道的信息传递及关联网络的基础设施。所以，利用市场准入系统及电子化交易通道的投资者或其他市场主体，其证券交易信息及相关证券的做市商报价等信息均会被收集和传递于这几类基础设施之中。同时，ITS 还是市场基础设施间关联系统。所以，注册为证交所的市场准入系统及电子化交易通道均会成为 ITS 会员，并通过自律协议、标准化程序、日常报告、年度报告及系统问题披露，来保障各类市场中心的信息可及性及平等性，进而保障市场的统一性。

美国《证券交易法》、美国《国内市场法案》等立法，重新厘定并规制证券市场基础设施的实践，也给中国证券法立法以很大启示。很难想象，在发挥着证券交易基础设施功能的大量交易系统均不受证券法规制的前提下，透视证券交易信用风险的各类信息工具仍能获得继续发挥作用的空间。实际上，股市波动中，配资公司利用恒生 Homs 系统、信托、资管账户及互联网清算系统，能肆无忌惮地突破我国《证券法》《证券公司融资融券业务管理办法》《上海深圳交易所交易规则》等规范，正是因为该影子型交易系统在场内证券交易基础设施之外为投资者提供了市场准入系统、电子化交易通道和清算程序。易言之，

---

〔1〕 Regulation of the National Market System, rule 610.

配资公司能够规避场内证券融资及转融通交易的双重保证金规则，正是由于其通过影子型证券交易系统，在匿名投资者与配资公司等融资主体的客户之间转换了过高的信用风险，并在覆盖该信用风险的担保证券价格发生波动时，行使担保证券处分权及优先收益权。

所以，不论是在其他国家还是在我国，互联网技术的发展均满足了证券市场从双边交易向多边交易转型的需求。这一转型也在原双边交易的实名制、规制性交易通道、一元化报价与指令，及作为双边集中交易场所的证交所的基础上，发展出复制原证券交易中介功能的证券市场基础设施。因而，在新型证券市场基础设施及其所承载的市场主体的基本交易行为已经远远超出原证券市场规制的范畴，且多样化的证券信用风险可通过多元化的证券市场基础设施进入证券市场的前提下，证券市场基础设施的重新厘定与规制，对保障和还原证券市场透明度、规制影子型证券融资交易的信用风险就具有格外重要的意义。

第二节　信息披露与数据公开

如前述，在美国《国内市场法案》等立法重新界定证券经纪交易商及证交所涵义的前提下，作为投资者多样化利益指示、报价及其他交易指令的传递及交易媒介的市场准入系统及电子化交易通道，须注册为证券经纪交易商或证交所，并成为证券业协会或证交所协会的会员。投资者准入尽职调查、自律协议及证券交易基础设施的信息关联等方面的规制，均为证券交易的信息供给奠定了基础。

以信息披露与数据公开为主要内容的证券交易信息供给功

能是市场透明度的前提，是公平与效率市场的核心，是高质量的市场流动性及价格形成机制的关键。因而，信息披露与数据公开也是让证券融资交易之信用风险具有高度透明性的关键。一方面，在无净资本约束而以担保证券之流动性来覆盖证券融资之信用风险的交易中，信息供给是证券融资交易的杠杆率、融资额及证券折算率等因素被披露给市场主体和监管者的前提。另一方面，由于互联网技术与互联网金融的发展，证券信用风险进入市场、流转和传递于各交易主体之间，并随证券定价及清算等过程而被杠杆性放大的途径，也具有多样性和复杂性。因而，也对市场型证券融资交易信息披露与数据公开范畴与形式，在真实性、完整性及公平性方面，提出了更高的要求。

美国《证券交易法》自 1975 年美国《国内市场法案》开始，在面对日渐兴起的屏幕化交易等市场准入系统及以电子化交易通道为代表的另类交易系统就以维持证券市场的透明与统一为目的，授权 SEC 建立综合性市场信息与数据的收集及披露体系，一方面为注册为证券经纪交易商的电子化交易系统所提供信息的完整性与真实性奠定基础；另一方面为注册为证券交易所的电子化交易系统提供可融入全国证券交易市场的真实数据及最优报价奠定基础。

所谓综合性市场信息与数据，是指以证券市场内已发生之交易的实时报告数据为主要内容的综合性交易信息与数据，及形成投资者和证券经纪交易商所发出之最优报价的基础性、综合性信息与数据。[1]为保证综合市场信息与数据的披露的完整

---

[1] H. R. Rep. No. 94-229, 94th Cong. , 1 st Sess. 93 (1975) ; SEC 17 CFR Part 242, Release NO. 34-61358; File NO. S7-02-10 (Concept Release on Equity Market Structure.

性与统一性，Regulation of the National Market System 授权综合市场数据的关键性供应商集中供给证券交易信息。[1]美国证券交易委员会根据 Regulation SCI，于 2008 年将关键性供应商之职授予给市政证券信息披露与自律报告机构（MSRB），[2]并于 2009年授权 MSRB 建立数据系统，以提供证券信息披露、投资者免费数据准入等交易报告及中心数据库服务。[3]同时，2014 年 11月，美国金融业监管局建立了证券市场参与者确认机制，为电子化的市场准入系统及交易通道设置了市场准入规则。早在该年 5 月，美国金融业监管局就开始披露提供市场准入及交易通道的电子化交易系统的信息。

因而，依据美国《国内市场法案》的规范，美国证券交易委员会及美国金融业监管局建立的这两类金融基础设施，覆盖了包括电子化的市场准入系统及交易通道在内的所有证交所会员、证券委员会会员及注册清算机构。[4]具体而言，如果电子化的交易系统或交易通道的日交易额达到此类交易系统总交易额的 5%以上，或达到美国证券市场日总交易额的 0.25%以上，则须按场内证券经纪交易商或证交所的模式，向证券市场投资者进行即时性地和持续性地公开信息披露，须披露的信息包括市场准入系统及电子化交易通道的名称、交易结构、现金及证券交易总量及交易类型等。[5]对于未达前述交易额的市场准入

---

〔1〕　Regulation of the National Market System, rule 603（b）.

〔2〕　SEC rule 15 c2-12.

〔3〕　SEC rule 15 c2-12.

〔4〕　SCI SRO in rule 1000（a）；The Securities Exchange of 1934, section 6（b）.

〔5〕　美国《国内市场法案》rule 601. 2014 年 5 月，FINRA 要求另类交易系统，包括暗池，报告他们的总体交易量。

系统和电子化交易通道，则可暂免信息披露及数据公开。[1]

除此之外，证券市场准入系统及电子化交易通道内，投资者的报价、清算、其他交易指令及指令执行等与证券价格的形成有关的信息与数据，也是美国《证券交易法》、《国内市场法案》及《另类交易系统》等规范规制的重点；价格形成信息的基础数据的完整性及真实性，亦是《审计指令》及美国《国内市场法案》rule 7400 规定的证券交易数据追溯机制所规范的重点。因为尽管证券市场准入系统及电子化交易通道具有发出报价、为投资者提供清算、执行投资者交易指令及传递相关数据与信息的功能，但是，其并不会参照证券经纪交易商或证交所自律规则向证券市场提供公开报价、指令或其他信息。实际上，此类交易系统的出现即是市场交易主体监管套利的结果。

所以，自 1997 年开始，美国证券交易委员会要求利用屏幕化证券市场准入平台和其他电子交易通道，发出报价的做市商或其他注册为证券经纪交易商或证交所的市场主体须向证券业协会披露该报价及电子化准入系统或交易平台的基本信息。该市场主体，须将其报价类型、相关交易指令、电子化通道结构及市场主体与交易通道所适用之交易契约等信息，均通过证券业协会或美国金融业监管局的信息平台予以公开。[2]

市场主体的报价类型是否为限制性报价指令，是必须通过自律机构平台予以公开的内容。[3]限制性价格指令通常并非最

---

〔1〕 Regulation of the National Market System, Rule 601.

〔2〕 Regulation of the National Market System, rule 301 (b) (3).

〔3〕 Securities Exchange Act Release No. 51808（Regulation of National Market System, release）. 所谓限制性报价，是指投资者发出的在起点线与封顶线之间的报价，具有吸引与该报价区间匹配的其他投资者尤其是大宗交易投资者的功能。

优报价，但是可捕捉特定价格区间内的大宗证券交易者，从而在最短时间内完成价格匹配和证券买卖。其效率性毋庸置疑，但对其他证券经纪交易商和投资者而言，限制性报价也具有控制证券市场价格形成的功能。所以，市场主体的限制性价格指令需要进行信息披露，从而为其他注册证券交易商及投资者所知悉。[1] 同时如前述，投资者通过市场准入系统或电子化交易通道，向其他投资者发出的有关证券买卖的利益指示，也具有与报价相似的价格信号功能。经美国《国内市场法案》扩大报价内涵后，此类利益指示也依据美国《国内市场法案》及《另类交易系统》被包含在综合性市场数据之中而需要公开披露。[2] 若此类系统，提供报价或利益指示的费用已超过证券每股金额的0.1%，该费用也须通过自律机构的信息平台向投资者、其他证券经纪交易商或监管者予以披露。[3] 所以，在很高的市场透明度之下，作出限制性报价或利益指示的市场主体控制市场价格形成的竞争优势也就消失了。这些制度也是降低市场准入系统及电子化交易通道，利用信息披露规制空白而获得证券市场价格形成之控制权的主要制度。

同时，为了保证这些具有价格形成功能的数据与信息的真实性和完整性，美国证券交易法通过数据审计追踪制度保证这些数据与信息的可追溯性。证券交易指令审计追踪系统，是指美国金融监管局所建立及运行的、以获得公开市场及场外证券

---

[1]　Securities Exchange Act Release, No. 37619A (Order handling rules release).

[2]　Regulation of the National Market System, rule 602, Alternative Trading System, rule 301 (b) (3).

[3]　Regulation of the National Market System, rule 606.

经纪交易商或证交所成员的证券交易信息为目的的系统。[1]该系统的覆盖范围，包括注册为证券经纪交易商或证交所的、具有信息服务、信息存储或记录功能的证券市场准入系统、电子化交易通道或其他电子化交易系统。[2]相关证券包括公开上市证券、纳斯达克 NM 证券、纳斯达克 SMALLCAP 证券、公司债券、国债、市政债券和抵押证券，但权证和证券权益互换除外。[3]在上述电子交易系统、证券经纪交易商或证交所，注册为一般投资者、机构投资者、雇员持股计划投资者、理财计划投资者或由美国金融监管局确认的其他类型的投资者，均须向证券交易指令追踪系统尽报告义务。[4]上述投资者或其代理人利用电子化交易系统，向指令接收者发出的报价或相关指令，均须向证券交易指令审计追踪系统，履行信息与数据报告义务。[5]

依据《另类交易系统》及纳斯达克指令审计追踪系统，每日投资者报价或利益指示等指令产生与被系统接收的时间，也即投资者发出指令，及该指令被美国金融监管局等监管部门、证券终端交易系统及其成员所确认，并由投资者交易对手方作出指令接收报告的时间，为指令审计追踪内容。[6]该指令所交易的股份数、到期日及指令类型，如是否为市场做空指令、限制性指令、停止交易指令等，也为指令审计追踪的内容。[7]交

---

[1] rule 6420; rule 7400.

[2] The Securities Exchange Act of 1934, rule 17a-3 and 17a-4.

[3] The Securities Act of 1933, rule 144A; The Securities Act of 1933, rule 17a-3 and 17a-4.

[4] SEC rule 7420, 5b (18).

[5] SEC rule 7440 and rule 7450.

[6] SEC rule 7440, b (1) (2) (3) (4) (5); rule 7450.

[7] SEC rule 7440, b (8) (9) (10) (11) (12); rule 7450.

易量不足此类交易系统日总交易量5%的限制性报价指令，尽管可获得公开信息披露的豁免，但也需要计入指令审计追踪系统。[1]市场准入系统及电子化交易通道的付费者及其附属机构的信息，以及电子化交易系统对其付费者的通知和说明，包括但不限于系统能力、标准、程序等方面的信息，均须计入指令审计追踪系统。[2]上述信息与数据，在生成的前两年，须向投资者披露，并须保留3年以上。同时，市场准入系统及电子化交易通道的设计、结构及运行等相关信息，以及投资者与电子化交易系统所订立之协议或其他特殊约定，在经证监会审核可不再公开披露之前，须一直保存及披露。数据保留的形式，可参照证券经纪交易商的数据记录及保存形式。[3]

同时，美国《国内市场法案》rule 601还规定了公开性指令优先原则，即交易额达到市场准入系统及电子化交易通道总交易额5%以上或日交易额达到美国证券市场日总交易额0.25%以上的，须履行信息披露与数据公开义务的电子化交易系统，若其所发出的报价或其他相关指令，与公开市场中的证券经纪交易商或证交所的报价或指令相比并非最优报价，则公开市场报价与指令具有执行上的优先性。[4]电子化交易通道，为了捕获对证券价格有特定期待、仅接受特定区间内报价的大宗证券投资者，常常需要提供次优的报价或指令。所以，当市场准入系统或电子化交易通道内的报价和其他交易指令通过美国金融监管局或其他自律型信息披露平台公开时，就会与公开证券交易

---

[1] SEC rule 7440, b (13) (14) (15).

[2] 依据rule 301 (b) (6) 相关的标准的文件。

[3] The Securities Exchange Act of 1934, rule 17a-4 (f).

[4] Regulation of the National Market System, rule 611.

市场中的最优报价有所差异。此时，包括市场准入系统及电子化交易通道在内的，由证交所、做市商、证券经纪交易商等所构成的全国证券市场系统，均有按最优报价执行交易或清算的义务。[1]前述具有信息公开及关联全国证券系统基础设施之功能的 CTA、CQS 及 ITS，也成为各交易中心内的市场主体，对公开性报价及指令均具有可及性的重要保障。[2]是否为最优报价的考察因素，主要包括证券价格、交易成本、执行速度或清算方式等；同时，指令完整性、透明度及一般投资者对限制性指令对是否具有可及性也是指令是否为最优指令的考察重点。

2011 年，SEC v. Pipeline Trading System LLC（Pipeline 交易系统有限责任公司）是电子化交易通道通过歧视性信息披露，以不实陈述及遗漏误导投资者的典型案件。Pipeline 交易系统有限责任公司是一个注册为证券经纪交易商的电子化交易系统，其发起人 Fderspiel 为 Pipeline 设立了两个子公司 Ergo 及 Affiliate。Pipeline 于 2004 年 9 月，利用其子公司在数据收集及分析方面的优势，为付费的机构投资者建立了电子化交易通道。Pipeline 交易系统有限责任公司同时也代理一般投资者的证券投资行为。作为注册为证券经纪交易商的电子化交易系统，Pipeline 代理的所有机构投资者和一般投资者都向该电子化交易系统发出交易指令。有时 Pipeline 的资产交易界面会出现一个橘色信号栏。尽管该信号栏代表证券市场中的交易规模或交易价格已达到可匹配大宗交易或最低报价的临界点，但是，该信号栏则仅以指示灯的形式闪现，而不提供任何实质性数据或说明。所以，机构投资者和一般投资者均忽略此信号栏。

〔1〕 Regulation of the National Market System, rule 600（b）（78）.
〔2〕 Regulation of National Market System, rule 611（a）（1）.

同时，Pipeline 还允许其附属子公司即为付费投资者提供信息与数据分析服务的 Ergo 及 Affiliate 也接入 Pipeline 的电子化交易通道内，所以，这两个附属子公司也可通过作为注册证券经纪交易商的 Pipeline 交易系统有限责任公司接入全国证券市场系统。因而，这两个附属子公司可收集 Pipeline 客户及其交易相对方的各类交易信息形成一个涵盖证券市场交易量、大宗交易规模及报价的数据库。以该数据库为基础，Pipeline 附属子公司按交易量权重型平均价格，向付费的机构投资者提供数据分析与咨询服务。所谓交易量权重型平均价格，是指 Pipeline 附属子公司依据其数据分析及咨询建议可满足的机构投资者的大宗证券交易数量或符合市场最低买入价的交易数量而从机构投资者收益中获得的利益分成。本案中，Pipeline 交易界面上的橘色信号灯闪现时，就是依据数据分析、证券市场中的交易规模或交易价格已可匹配大宗交易或已达到最低报价的临界点。但是只有 Pipeline 附属子公司的付费机构投资者才能知悉橘色信号内的内涵，所以，此类机构投资者可利用该信息优势，于交易开始后10 分钟内即捕获大宗交易者或按市场最优价格完成交易。所以，Pipeline 的附属子公司，在 Pipeline 电子化交易通道内，为附属子公司的付费机构投资者提供了独占性信息传递通道。而且，Pipeline 附属子公司，还利用其收集和分析交易指令的信息优势，在机构投资者有买入证券的需求时，提前买入此类证券，进而成为机构投资者的交易对手方。然而，一般投资者，既无知悉大宗交易信息或最低证券报价信息的能力，也不会成为 Pipeline 附属子公司的交易对手方。不仅如此，Pipeline 附属子公司，还利用其信息优势及 Pipeline 电子化交易通道可隐藏报价和交易指令的特点，在短时间内频繁买卖几只证券，误导一般投资者，操纵证券市场价格。

尽管注册为证券经纪交易商的 Pipeline，需向美国金融监管局及美国证券交易委员会披露其电子化交易平台的相关交易信息，但是，其并未披露橘色信号灯的含义、附属子公司的交易内容及其对一般投资者的误导等信息。所以，美国证券交易委员会认为，Pipeline 交易系统有限责任公司既是一个提供信息及交易便利的电子化交易通道，同时也是一个仅向付费机构投资者提供优势信息的信息泄露者。通过这种歧视性信息供给，Pipeline 子公司从机构投资者处获得了每股 0.007 美元的收益补偿。

所以，美国证券交易委员会认为，Pipeline 及其附属子公司违反了 1933 年证券法 Sec. 17（a）（2）在出售证券时，为获得收益补偿，在关键性事实上，对一般投资者进行了不实陈述、故意遗漏和误导。[1] 同时，Pipeline 及其附属子公司，也违反了《另类交易系统》rule 301（b）（2）未按照注册证券经纪交易商或注册交易所的信息披露与数据公开规则，将电子化交易通道内的信息，无歧视地、通过公开市场基础设施，披露给投资者及美国金融监管局等自律监管者或美国证券交易委员会等监管主体。[2]

综上，在对证券市场准入系统及电子化交易通道进行规制、发挥其信息供给功能的同时，还须对此类电子化交易系统所披露及公开的信息与数据的完整性、真实性和无歧视性设置规则限制及基础设施支持，以披露信用风险的总量，防止证券交易信用风险在电子化交易通道等交易系统中的异化。所以，我国股市波动中出现的影子型市场准入系统及电子化交易通道内的信息与数据的不可追溯性，仍是集中授信型证券融资交易规则

---

〔1〕 The Securities Act of 1933, Sec. 17（a）（2）.
〔2〕 Alternative Trading System, rule 301（b）（2）.

下的证券市场基础设施，无法覆盖市场分散型证券融资交易的基础设施的结果。易言之，以担保证券为媒介，投资者及资金融出方，即在证券公司、证交所、证券登记结算公司等中介建立的场内交易系统之外，通过影子型的市场准入系统和电子化交易通道，完成了融资、交易和清算的证券交易流程，同时可清空此类虚拟性的市场准入系统和电子化交易通道。因而，我国不仅须结合互联网技术及互联网金融的发展，通过扩展投资者基本交易行为及证券市场基础设施的内涵，来完善证券融资交易规制，而且须将信息与数据的公开性及可追溯性作为证券融资交易规制的重要内容，这也是确保其所供给之信息的真实性与准确性的重要保障。

第三节　集中交易清算规制

如前述，在去集中化的证券融资交易中，市场自发确定的信用风险约束逻辑是以担保证券折算率的高低，来呈现和预警证券担保物流动性所覆盖的信用风险的大小，并会诱导资金融出方约定担保物处分权。然而，资金融出方依担保物处分权而获得的优先收益权会降低甚至耗尽市场流动性。实际上，在2007年开始爆发的美国及欧盟的金融危机中，不论是担保证券回购型证券融资，还是金融衍生品保证金交易，都存在依金融合同或美国《破产法》，给予资金融出方即担保权人，以担保物处分权。该权利让资金融出方获得了在金融商品价格发生变动时，即处分担保物、获得融资利率等收益、并优先逃离市场的权利。但资金融出方优先收益权之行使，又会与金融商品价格下行及行使劣后收益权的一般投资者的损失呈交替螺旋运动。

所以，在以担保证券之流动性来覆盖证券或金融衍生品保证金交易之信用风险的交易逻辑中，蕴含了规制担保证券之真实折算率并限制资金融出方优先收益权的逻辑。在该信用风险规制逻辑下，持有系统重要性金融资产的场外资金融出方复制场内保证金交易规则，强制处分证券担保物，让其客户及其他场内投资者均成为劣后收益人，并耗尽市场流动性的行为，就不再具有正当性。

担保证券的系统重要性，是由其在以担保证券为融资媒介的金融交易中具有担保功能且其现金价值的波动性所决定的。所谓系统重要性金融资产，在《多德-弗兰克法案》对系统重要性金融机构的界定中，是指金融机构持有特定类型的资产如果迅速对这些资产进行清算，就会导致资产价格下跌，并且引起持有相同资产的金融机构的重大损失。

担保证券以其现金价值覆盖证券融资或衍生品保证金交易的信用风险，表现为资金融出方的借贷金额即信用风险暴露程度。投资者的证券或衍生品买卖的大部分资金来源，为所融入资金。因而，以担保证券的可变现金价值为基础，在投资者的证券买卖及投融资主体的货币借贷之间，形成了一个流动性关联。该流动性关联是证券融资或衍生品保证金交易存续的基础。但与此同时，担保证券现金价值具有市场波动性。

所以一旦担保证券贬值，担保证券被资金融出方即担保权人所处分时，就意味着担保权人在祛除证券买卖与货币借贷之间的流动性关联，因而，形成由证券价格的贬值率及货币借贷的杠杆率所共同组成的双重降价螺旋。在该双重降价螺旋之下，以系统重要性金融资产为媒介，资产持有者之间通过担保资产的处分即抛售，产生了多米诺骨牌式的市场连锁反应，因而，资产持有者均须承受损失。实际上，在美国金融危机中最先倒闭的 AIG 和 Bearnstern 均是由于其资产负债表在担保证券回购型融资交易中的暴露程度过高。由于我国股市波动中投资者以待融入之证券作为融资担保的场外保证金交易结构与美国担保证券回购型融资非常相似，因而，实际上美国市场中资金融出方即担保权人优先处分担保证券导致市场流动性干涸的危机，在我国股市波动中也被再次演绎。

同时，担保物处分不仅具有放大信用风险的作用，而且资金融出方以行使担保物处分权而获得的收益，是以其他投资者在证券抛售、贬值、流动性下降的市场连锁反应中承受接二连三的损失为代价的。所以，担保物权利人相比起其他投资者，在以担保证券的现金价值抵扣其信用风险及实现债券收益方面，具有独占性优先权。一般投资者的股权收益则具有劣后性。

然而，这一依据资金融出方的收益优先性及一般投资者的收益劣后性而进行的市场分层，并必然走向危机的交易结构，与担保证券型融资以担保证券的可变现金价值覆盖资金融出方信用风险，进而降低融资门槛、获得融资便利、繁荣市场的融资目的相互悖离。所以，这就需要重新考虑，以资金融出方处分担保物的优先收益分配权作为以担保证券之可变现金价值来覆盖证券融资的信用风险的必然法律后果，是否因担保证券的信用风险放大功能，而不再具有完全的逻辑自洽性。如前述，信用风险放大功能是担保证券具有证券买卖与货币借贷的流动性关联的地位决定的。处分具有信用风险放大功能的担保证券会以数倍于交易杠杆的交易量和速度，耗尽证券市场流动性、引发系统性风险。这在中国股市波动及美欧金融危机中均已被证实。

相反，与以担保证券之流动性来覆盖证券融资交易之信用风险的交易逻辑相互契合的，是要求担保证券型融资主体具有与其证券融资的信用风险暴露程度相匹配的风险吸收能力。担保物处分权，仅是该风险吸收能力的一种表现形式，是担保证券被视为保证金之冲抵物的结果。易言之，如果存在其他形式的保证金或担保机制，则证券融资各方的风险吸收能力就不以担保物处分及证券贬值为必然结果。实际上，金融危机后，在2009 年 9 月的 G20 国峰会上，就要求场外金融衍生品的清算须建立集中交易对手方制度。此后，美国《多德-弗兰克法案》及欧盟《金融市场基础设施原则》在担保证券回购型融资交易及衍生品保证金交易中，均以集中交易对手方制度对担保权人的担保证券处分权进行限制和替代。

所谓集中交易对手方，是指介入一个或多个市场中已形成合约的交易双方之间，成为每个买方的卖方和每个卖方的买方，并据此确保履行所有风险敞口合约的金融基础设施。[1]一个或多个市场中已成合约的交易双方，即为集中交易对手方的清算成员。[2]在证券融资或衍生品保证金交易中，建立集中交易对手方，进行集中清算的风险分散逻辑，是通过资金融出方与融入方分别提供初始准备金、维持准备金或担保证券以外的担保物，以覆盖依据担保证券折算率、证券融资率或衍生品保证金交易杠杆率而确定的担保证券型融资交易的信用风险敞口而表现出来的。在该风险分散逻辑之下，担保证券型融资的信用风险的吸收即可不以证券或金融衍生品的贬值为代价。所以，欧盟证券市场委员会（European Securities And Markets Authority, ESMA）要求加入集中清算交易对手方机制的证券融资交易主体

---

〔1〕 Principles of Financial Market Infrastructures, p. 10.

〔2〕 EU Principles of Financial Market Infrastructures, Article 2（14）.

须依据资金融入方和融出方的违约风险、市场风险、法律风险及商业风险，来确定其须提交的初始准备金、维持准备金和违约基金等资本准备。[1]

同时，在资金融入方无法偿还融资而违约时，集中交易对手方须按照违约掉水规则（default waterfall），来分担资金融出方的信用风险。即先以违约方的初始准备金和维持准备金再以违约方的违约基金最后以非违约方的违约基金，来覆盖资金融入方的违约风险及资金融出方的信用风险。美国金融危机后，2010年《多德-弗兰克法案》在审慎监管标准、信用风险暴露、附加资本要求等方面，也要求从事证券回购型融资交易及衍生品保证金交易的非银行金融机构，将融资融券及担保证券回购等风险计入其信用风险暴露；[2]并须根据非银行金融机构的保证金交易设置附加资本；[3]并对2005年美国《破产法》为证券融资之资金融出方即担保权人提供的优先处分证券担保物的安全港规则持否定态度。[4]所以，在担保证券融资及金融衍生品

---

〔1〕 欧盟证券市场委员会（European securities and markets authority, ESMA）规定，金融交易对手方必须根据信用风险、对手方风险、市场风险、运行风险、法律风险和商业风险，来确定充足的资本化的比例。如欧盟金融基础设施原则要求各成员国的集中清算系统作为集中交易对手方，须具有不低于750万欧元的最低永久性资本用来对冲清算行为的风险。

〔2〕 Dodd-Frank Wall Street Reform And Consumer Protection Act, Sec. 165（3）（B）.

〔3〕 Dodd-Frank Wall Street Reform And Consumer Protection Act, Sec. 171（7）.

〔4〕 U. S. Bankruptcy Code, Sec. 555-Sec. 559 保障证券担保回购协议债权人，通过清算和结算等方式，优先于一般破产程序债权人取回收益的权利。U. S. Bankruptcy Code, Sec. 362（b）（7）; Sec. 362（o）保障证券担保回购协议交易对手方，对担保证券、保证金或债务人提供的其他担保物的处分权，从而让其相比起一般破产清算程序中的债权人获得优先收益权。U. S. Bankruptcy Code, Section 546（f）& 548（d）保障担保证券回购协议交易对手方，不受一般破产程序中债务人取回保证金、担保物或依据回购协议提前清算的行为的影响。

保证金交易中，在资金融出方与融入方对担保证券所覆盖之信用风险的吸收的问题上，欧盟与美国都从资金融出方的担保证券处分权转向资金融出方与融入方的准备金或风险资本准备。这一转变，具有降低金融资产因担保性资产的处分而发生的贬值。

综上，集中交易对手方，是在不引起证券或衍生品贬值、一般投资者损失、市场流动性干涸及系统性风险的前提下，吸收、分担和分散资金融出方与融入方的信用风险的规则。所以，在集中交易对手方制度中，资金融出方与融入方的信用风险初始准备金及维持准备金的门槛，以及小型金融机构或小型非金融机构的豁免问题，就成为决定担保证券型融资信用风险被分散与吸收的程序的关键性问题。不仅如此，集中交易对手方的组织结构、风险管理框架以及透明度要求，也须符合吸收和分散资金融出方与融入方的信用风险的要求。这是因为在担保证券型融资交易中，所有权结构、董事会构成和责任分配等集中交易对手方组织结构可决定资金融出方与融入方的权利对比，进而对资金融出方与融入方的准备金、违约基金及违约风险掉水程序等信用风险吸收与分散的管理框架产生现实影响。集中交易对手方的透明度，是透视资金融出方与融入方的权利对比关系、风险管理特征及信用风险分配是否合理的关键性因素。

同时，在集中交易对手方制度中，通常会通过资金融入方与融出方的保证金和证券担保物与其结算风险准备金和违约基金的净额结算减少清算及证券替代的频率，维持担保证券融资的便利性，并给予参与集中交易对手方制度的资金融入方以适当的补足维持性准备金或违约基金的延展期限。该延展期限自集中交易对手方在违约掉水程序中，通过违约方和非违约方的风险准备金及违约基金来清算和对冲资金融入方的信用风险之日起计算。

第四章
中国新型证券融资交易规制进路

第一节 新型证券融资交易的合法化

相比而言，在我国影子型证券融资交易系统中，配资公司的证券交易账户、证券信用账户、信托和资管账户以及恒生Homs系统，类似于屏幕型市场准入系统和电子化交易通道，为非实名注册的配资公司客户提供了进入证券市场的便利。恒生Homs系统的报价、利益指示、信息传递和指令传递等功能，让这些非实名开户的投资者得以在市场准入系统和电子化交易通道内，向场内证券公司发出交易指令，获取交易信息。同时，这些非实名开户投资者，还可以通过互联网移动支付平台，在与配资公司等资金融出方进行收益分配后退出市场。

综上，影子型证券融资交易系统几乎完全复制了场内证券融资交易基础设施的融资、报价、信息传递、指令执行及清算等功能。然而，由于我国《证券公司融资融券业务管理办法》、《上海证券交易所融资融券交易实施细则》与《深圳证券交易所融资融券交易实施细则》及2015年《场外证券业务备案管理规定》等规范，对证券融资、报价、信息传递、指令执行及清算等证券融资基本交易行为的界定均限于场内证券融资，因而，非证券公司利用场外证券融资基础设施进行证券融资交易的行为就处于立法空白地带。因而，可允许非实名注册的投资者进入证券市场的市场准入系统以及可将非实名注册投资者之交易行为的信用风险传入场内证券市场的电子化交易通道，即在互联网技术与互联网金融速度发展的情况下进行监管套利。同时，处于立法空白中的市场准入系统和电子化交易通道在立法未建立场外证券基础设施注册、风险管理、自律协议及程序性交易和多元交易中心通道互联等规则的前提下，不仅不具有信息供给功能，而且还将真实信用风险掩盖起来。综上，结合我国股市波动中互联网金融及互联网技术的发展对证券市场的冲击，与美国自 1970 年代到目前始终在进行的金融危机立法漏洞反思及证券市场基础设施规则修订，说明证券市场基础设施规则的完善对证券融资交易信用风险规制具有重要意义。

因而，应在我国《证券公司融资融券业务管理办法》、《上海证券交易所融资融券交易实施细则》与《深圳证券交易所融资融券交易实施细则》、2015 年《场外证券业务备案管理规定》及《上交所深交所程序化交易规范》等规则中，确定证券市场准入系统及电子化交易通道等依靠互联网金融及互联网技术的进步而发展起来的电子化证券交易系统的法律地位。应允许具有价格形成功能、达到一定交易规模的电子化证券交易系统注册为另类证券交易中心，接受《证券法》对交易所的会员开户、账户设置、信息公开、报价及定价程序等方面的监管。但注册为另类证券交易中心的电子化交易系统在注册资本金、净资产和股本等方面，可较《证券法》对证交所的要求有所降低。实际上，股市波动后《场外证券业务备案管理办法》对此类电子化交易系统须按私募报价系统规制模式受到监管作了简单规定。这说明具有价格形成功能的电子化交易系统，在性质上与交易所类似。但也说明股市波动中已被广泛适用于公开证券融资交易的电子化交易系统仅能参照与其公开交易属性并不匹配的私募股权报价系统。因而，凸显了目前我国《证券法》和相关规范的局限性以及改革的紧迫性。

对不具有价格形成功能或虽具有价格形成功能，但规模尚未达到可注册为另类证券交易中心的电子化交易通道应注册为证券公司，并接受《证券法》对证券公司的会员开户、账户设施、交易程序及信息披露等方面的监管。《证券法》对证券公司在注册资本金、净资产和股本等方面的要求对电子化交易系统可有所降低。同时，还须在《证券公司融资融券业务管理办法》《上海证券交易所融资融券交易实施细则》等规则中规范市场型证券融资交易规则，即承认在证金公司及证券公司的转融通及证券融资交易之外，电子化交易系统以担保证券之流动性及投注者的初始保证金和维持保证金来覆盖场外证券融资交易信用风险及进行场外证券融资交易的正当性，并建立电子化交易系统的风险管理、自律协议和程序性交易规则。

与此同时，应重新界定在电子化交易系统中发挥着报价、利益指示、指令与信息的传递、指令执行等功能的投资者行为。将以包括另类交易中心在内的证交所会员或证券业行业协会会员，以购买全国市场系统内的证券为目的，向证券经纪交易商或其他证券中介机构提供的出价界定为报价。[1]将投资者通过证券经纪交易商或其他私人交易通道作出的影响证券交易利益

---

[1]　Regulation of the National Market System, rule 600（b）（8）；Securities Exchange Act release no. 14415, 43 FR 4342.

变化的行为，界定为具有价格形成功能的利益指示。将投资者自己或委托证券经纪交易商发出的买卖证券的确定性意思表示界定为广义上的投资者指令，如报价指令、交易执行指令或其他市场指令。[1]

第二节　信用风险规制的信息与数据基础

在我国股市波动中，配资公司利用恒生 Homs 系统、资管、信托账户和互联网清所形成的影子型证券融资交易系统不仅不具有信息供给功能，而且规避了《证券公司融资融券业务管理办法》、《上海证券交易所融资融券交易实施细则》与《深圳证券交易所融资融券交易实施细则》、《证券公司监督管理条例》等对全国性市场交易中心及其会员的证券交易实时信息披露及公开的规则。因而，可以在影子型证券融资交易系统内以投资者指令和利益指示的方式，通过恒生 Homs 系统的分仓技术提供的屏幕化交易，以配资公司实名账户为交易通道向证券公司传递可达到场内合法证券融资 5 倍杠杆的融资交易指令和报价指令；同时，也可以配资公司的实名制账户为交易通道，通过恒生 Homs 系统及配资、资管账户的移动清算功能向证券公司及证交所传递让配资公司、信托公司及资管账户享有优先收益权的清算指令。

所以，在要求证券市场准入系统及电子化交易通道注册为另类证券交易中心或证券公司时，须在我国《证券公司融资融券交易管理办法》、《上海证券交易所融资融券交易实施细则》

---

　〔1〕　Regulation of the National Market System, rule 3b-16 paragraph （c）.

与《深圳证券交易所融资融券交易实施细则》、《证券公司监督
管理条例》等规则中引入综合性市场信息与数据制度及证券交
易指令审计追踪等制度。证券市场准入系统和交易通道等电子
化交易系统内，投资者及其代理人或资金融出方的信息，系统
自律协议的内容，各方交易主体所作出的与交易量、融资总量、
融资杠杆、报价、清算或其他指令有关的信息，尤其是交易各
方报价是否属于以捕获大宗交易或迅速完成交易为目的的限制
性报价，须纳入全国性证券交易中心及其会员的证券实时交易
信息披露的范畴内。[1]

同时，须在《上海证券交易所融资融券交易实施细则》与
《深圳证券交易所融资融券交易实施细则》及《证券公司监督管
理条例》等规范中，建立证交所、证券公司与注册为另类证券
交易中心或证券公司的市场准入系统及电子化交易通道之间的
信息互联基础设施及综合性数据分析平台。一方面，电子化交
易系统的通道结构、投资者及其代理人类型和系统自律协议等
内容，可在该综合性信息与数据互联基础设施平台上予以公开。
另一方面，对交易量已达到另类证券交易中心一定规模以上或
全国证券市场日交易额一定规模以上的投资者的报价，须在该
综合信息与数据互联基础设施平台上予以公开并遵循公开价格
优先原则，防止因交易通道内大额证券交易的不充分信息披露、
歧视性信息披露、虚假信息披露、误导性或遗漏性信息披露导
致次优价格优先并影响证券市场最优价格的形成。

同时，须在我国《上海证券交易所融资融券交易实施细则》
与《深圳证券交易所融资融券交易实施细则》中建立证券交易

---

[1] Regulation of the National Market System, rule 301（b）（3）; Securities Exchange Release Act No. 51808; Securities Exchange Act Release No. 51808.

的信息与数据追溯机制。对于证券市场准入系统及交易通道等电子化交易系统内，各方交易主体类型、自律协议、通道基本交易结构，投资者及其代理人的报价、清算等交易指令、指令的执行及其他相关交易信息等与电子化交易系统的证券价格形成有关的信息与数据，均应被记录于证券交易的信息与数据追溯系统内。具体可被追溯的信息需包括：交易系统功能、标准和程序，每日投资者报价或利益指示等指令，被证券业协会信息平台、证交所及证券公司交易终端所确认、并由投资者交易对手方作出指令到达报告的时间，交易量及融资交易总量以及交易系统清算成员的违约率及违约掉水程序等信息。[1]一般可追溯信息至少须保留3年。电子化交易通道等交易系统的设计、结构及运行等相关信息以及投资者与电子化交易系统所订立之协议或其他特殊约定，尤其是含报价指令的可追溯信息，在经证监会审核可终止公开披露之前须一直保存及披露。[2]

因而，在综合性市场信息与数据的披露规则对电子化交易通道进行透明度监管之后，非实名开户投资者将已开户投资者账户作为交易通道进行的匿名性、高杠杆证券融资交易行为，既可被透视，也可被追溯。但是，由于投资者匿名证券交易行为极大便利了内幕交易、价格操纵和裸做空等违法行为，因而，投资者的匿名证券交易行为仍须被禁止。运行和披露综合性市场信息与数据的基础设施可及时发现投资者匿名性证券交易行为，减少其监管套利空间。

---

〔1〕　Regulation of the National Market System, rule 301（b）（6）, rule 7440 b（1）（2）（3）（4）（5）（13）（14）（15）.

〔2〕　The Securities Exchange Act of 1934, rule 17a-4（f）.

第三节　互联网集中交易清算规则

中国股市波动与美欧金融危机在危机形成路径上的相似之处即资金融出方具有处分场外证券融资或证券回购交易的担保证券的优先权所带来的启示是，中国也应考虑重建场外证券融资各方的信用风险吸收能力，从担保证券优先处分权转变为集中交易对手机制。同时，中国互联网金融的移动支付平台，可以发挥场外集中交易对手方的功能。配资公司、信托公司和资管账户等场外证券融资主体，均可作为进行集中清算交易的互联网金融移动支付平台的清算成员，开具实名清算账户并提供初始准备金和维持准备金作为清算风险准备金，同时提供违约基金。当场外证券融资交易的资金融入方无法偿还资金而违约时，则启动以互联网移动支付平台为载体的集中交易对手方违约掉水程序。

实际上，我国互联网金融的移动支付平台，既为场外证券融资交易投资者与配资公司、资管账户和信托公司等资金融出方之间的资金转移提供了交易通道，同时也提供了清算服务。我国股市波动之后的《非银行支付机构网络支付业务管理办法（征求意见稿）》也确认了依法取得《支付业务许可证》，获准办理互联网支付、移动电话支付、固定电话支付、数字电视支付等网络支付业务的非银行机构，通过计算机、移动终端等电子设备，依托公共网络信息系统远程发起支付指令，且付款客户电子设备不与收款客户特定专属设备交互，由支付机构为收付款客户提供货币资金转移服务的活动。同时，该办法规定，支付账户所记录的资金余额不同于客户本人的商业银行货币存款，其实质为客户向支付机构购买的、所有权归属于客户并由支付机构保管的预付价值不受《存款保险条例》保护。

因而，与商业银行不同，互联网移动支付平台在我国被界定为以交易便利为目的的纯粹清算支付中介，并不为场外证券融资交易的任何一方提供信用支持，其也无须受商业银行净资本及存款准备金要求的限制。一方面，互联网移动支付平台的市场准入门槛较低，这也降低了我国影子型证券融资交易的集中交易对手方制度的准入门槛。另一方面，互联网移动支付平台被界定为非银行中介，其也不具有商业银行因存款准备金和净资本所获得的信用扩张能力。因而，让互联网移动支付平台作为场外证券融资交易的集中交易对手方也不会对货币体系的稳定性产生不良影响。实际上，依据 2015 年《非银行支付机构网络支付业务管理办法（征求意见稿）》，在互联网移动支付平台的资本端注入的场外证券融资交易资金融出方与融入方的初始准备金、维持准备金和违约基金等，都不与商业银行净资产的增加发生任何关联。

同时，互联网移动支付平台须遵守实名制客户认证及管理储存客户基本信息和交易信息，依据客户支付指令验证方式、客户风险评级、交易类型、交易金额、交易渠道、受理终端等因素，建立交易风险管理和系统监测制度。因此，互联网移动支付平台的基础设施及透明度要求符合场外证券融资交易的集中交易对手方制度的基本要求。

所以，在完善互联网移动支付平台记录证券所有权、投资者账户类型、资金融出方与融入方的市场准入系统及电子化交易通道之交易结构及所传递之清结算指令等制度的基础上，[1]

---

〔1〕 Principles of Financial Infrastructures, p. 9.

参照场外金融交易基础设施原则中的结算系统规则，建立互联网移动支付平台的证券融资交易确认、清算指令执行簿记、信用风险暴露与风险准备金及违约基金抵扣关系的确认等相关规则，即可进一步完善互联网移动支付平台的集中交易对手方功能。[1]同时，也有必要利用互联网移动支付平台的信息存储功能，建立证券融资交易的信息数据库集中保存证券融资交易电子记录。该信息数据库需集中收集、存储和传递证券融资各方及其代理人的信息以及这些主体的市场准入系统及交易通道等电子化交易系统的信息、交易对手方的其他清算成员及其他集中交易对手方的相关信息。[2]

---

〔1〕　Principles of Financial Infrastructures, p. 9.

〔2〕　Principles of Financial Infrastructures, p. 10.

附 录
《证券公司风险控制指标管理办法》
（2020年修订）

（2006年7月5日中国证券监督管理委员会第185次主席办公会议审议通过，根据2008年6月24日中国证券监督管理委员会《关于修改〈证券公司风险控制指标管理办法〉的决定》、2016年6月16日中国证券监督管理委员会《关于修改〈证券公司风险控制指标管理办法〉的决定》、2020年3月20日中国证券监督管理委员会《关于修改部分证券期货规章的决定》修正）

第一章 总 则

第一条 为了建立以净资本和流动性为核心的风险控制指标体系，加强证券公司风险监管，督促证券公司加强内部控制、提升风险管理水平、防范风险，根据《证券法》等有关法律、行政法规，制定本办法。

第二条 证券公司应当按照中国证券监督管理委员会（以下简称中国证监会）的有关规定，遵循审慎、实质重于形式的原则，计算净资本、风险覆盖率、资本杠杆率、流动性覆盖率、净稳定资金率等各项风险控制指标，编制净资本计算表、风险资本准备计算表、表内外资产总额计算表、流动性覆盖率计算表、净稳定资金率计算表、风险控制指标计算表等监管报表（以下统称风险控制指标监管报表）。

第三条　中国证监会可以根据市场发展情况和审慎监管原则，对各项风险控制指标标准及计算要求进行动态调整；调整之前，应当公开征求行业意见，并为调整事项的实施作出过渡性安排。

对于未规定风险控制指标标准及计算要求的新产品、新业务，证券公司在投资该产品或者开展该业务前，应当按照规定事先向中国证监会、公司注册地的中国证监会派出机构（以下简称派出机构）报告或者报批。中国证监会根据证券公司新产品、新业务的特点和风险状况，在征求行业意见基础上确定相应的风险控制指标标准及计算要求。

第四条　中国证监会可以按照分类监管原则，根据证券公司的治理结构、内控水平和风险控制情况，对不同类别公司的风险控制指标标准和计算要求，以及某项业务的风险资本准备计算比例进行动态调整。

第五条　中国证监会及其派出机构应当对证券公司净资本等各项风险控制指标数据的生成过程及计算结果的真实性、准确性、完整性进行定期或者不定期检查。

中国证监会及其派出机构可以根据监管需要，要求证券公司聘请符合《证券法》规定的会计师事务所对其风险控制指标监管报表进行审计。

第六条　证券公司应当根据中国证监会有关规定建立符合自身发展战略需要的全面风险管理体系。证券公司应当将所有子公司以及比照子公司管理的各类孙公司纳入全面风险管理体系，强化分支机构风险管理，实现风险管理全覆盖。全面风险

管理体系应当包括可操作的管理制度、健全的组织架构、可靠的信息技术系统、量化的风险指标体系、专业的人才队伍、有效的风险应对机制。

证券公司应当任命一名具有风险管理相关专业背景、任职经历、履职能力的高级管理人员为首席风险官，由其负责全面风险管理工作。

第七条 证券公司应当根据自身资产负债状况和业务发展情况，建立动态的风险控制指标监控和资本补足机制，确保净资本等各项风险控制指标在任一时点都符合规定标准。

证券公司应当在发生重大业务事项及分配利润前对风险控制指标进行压力测试，合理确定有关业务及分配利润的最大规模。

证券公司应当建立健全压力测试机制，及时根据市场变化情况及监管部门要求，对公司风险控制指标进行压力测试。

压力测试结果显示风险超过证券公司自身承受能力范围的，证券公司应采取措施控制业务规模或降低风险。

第八条 证券公司应当聘请符合《证券法》规定的会计师事务所对其年度风险控制指标监管报表进行审计。

第九条 会计师事务所及其注册会计师应当勤勉尽责，对证券公司风险控制指标监管报表的真实性、准确性、完整性进行审计，并发表恰当的审计意见。

第二章 净资本及其计算

第十条 证券公司净资本由核心净资本和附属净资本构成。其中：

核心净资本=净资产−资产项目的风险调整−或有负债的风险调整−/+中国证监会认定或核准的其他调整项目。

附属净资本=长期次级债×规定比例−/+中国证监会认定或核准的其他调整项目。

第十一条　证券公司应当按照中国证监会规定的证券公司净资本计算标准计算净资本。

第十二条　证券公司计算核心净资本时，应当按照规定对有关项目充分计提资产减值准备。

中国证监会及其派出机构可以要求公司专项说明资产减值准备提取的充足性和合理性。有证据表明公司未充分计提资产减值准备的，中国证监会及其派出机构可以责令公司整改并追究相关人员责任。

第十三条　证券公司应当根据公司期末或有事项的性质（如未决诉讼、未决仲裁、对外提供担保等）、涉及金额、形成原因和进展情况、可能发生的损失和预计损失进行相应会计处理。对于很可能导致经济利益流出公司的或有事项，应当确认预计负债；对于未确认预计负债，但仍可能导致经济利益流出公司的或有事项，在计算核心净资本时，应当作为或有负债，按照一定比例在净资本中予以扣减，并在净资本计算表的附注中披露。

第十四条　证券公司对控股证券业务子公司出具承诺书提供担保承诺的，应当按照担保承诺金额的一定比例扣减核心净资本。从事证券承销与保荐、证券资产管理业务等中国证监会认可的子公司可以将母公司提供的担保承诺按照一定比例计入核心净资本。

第十五条　证券公司向股东或机构投资者借入或发行的次

级债,可以按照一定比例计入附属净资本或扣减风险资本准备。具体规定由中国证监会另行制定。

第三章　风险控制指标标准

第十六条　证券公司经营证券经纪业务的,其净资本不得低于人民币 2000 万元。

证券公司经营证券承销与保荐、证券自营、证券资产管理、其他证券业务等业务之一的,其净资本不得低于人民币 5000 万元。

证券公司经营证券经纪业务,同时经营证券承销与保荐、证券自营、证券资产管理、其他证券业务等业务之一的,其净资本不得低于人民币 1 亿元。

证券公司经营证券承销与保荐、证券自营、证券资产管理、其他证券业务中两项及两项以上的,其净资本不得低于人民币 2 亿元。

第十七条　证券公司必须持续符合下列风险控制指标标准:

(一) 风险覆盖率不得低于 100%;

(二) 资本杠杆率不得低于 8%;

(三) 流动性覆盖率不得低于 100%;

(四) 净稳定资金率不得低于 100%;

其中:

风险覆盖率=净资本/各项风险资本准备之和×100%;

资本杠杆率=核心净资本/表内外资产总额×100%;

流动性覆盖率=优质流动性资产/未来 30 天现金净流出量×100%;

净稳定资金率＝可用稳定资金/所需稳定资金×100%。

第十八条　证券公司应当按照中国证监会规定的证券公司风险资本准备计算标准计算市场风险、信用风险、操作风险资本准备。中国证监会可以根据特定产品或业务的风险特征，以及监督检查结果，要求证券公司计算特定风险资本准备。

市场风险资本准备按照各类金融工具市场风险特征的不同，用投资规模乘以风险系数计算；信用风险资本准备按照各表内外项目信用风险程度的不同，用资产规模乘以风险系数计算；操作风险资本准备按照各项业务收入的一定比例计算。

证券公司可以采取内部模型法等风险计量高级方法计算风险资本准备，具体规定由中国证监会另行制定。

第十九条　证券公司经营证券自营业务、为客户提供融资或融券服务的，应当符合中国证监会对该项业务的风险控制指标标准。

第二十条　证券公司可以结合自身实际情况，在不低于中国证监会规定标准的基础上，确定相应的风险控制指标标准。

第二十一条　中国证监会对各项风险控制指标设置预警标准，对于规定"不得低于"一定标准的风险控制指标，其预警标准是规定标准的 120%；对于规定"不得超过"一定标准的风险控制指标，其预警标准是规定标准的 80%。

第四章　编制和披露

第二十二条　设有子公司的证券公司应当以母公司数据为基础，编制风险控制指标监管报表。

中国证监会及其派出机构可以根据监管需要，要求证券公

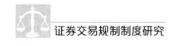

司以合并数据为基础编制风险控制指标监管报表。

第二十三条　证券公司的董事、高级管理人员应当对公司半年度、年度风险控制指标监管报表签署确认意见。

证券公司经营管理的主要负责人、首席风险官、财务负责人应当对公司月度风险控制指标监管报表签署确认意见。在证券公司风险控制指标监管报表上签字的人员，应当保证风险控制指标监管报表真实、准确、完整，不存在虚假记载、误导性陈述和重大遗漏；对风险控制指标监管报表内容持有异议的，应当在报表上注明自己的意见和理由。

第二十四条　证券公司应当至少每半年经主要负责人、首席风险官签署确认后，向公司全体董事报告一次公司净资本等风险控制指标的具体情况和达标情况；证券公司应当至少每半年经董事会签署确认，向公司全体股东报告一次公司净资本等风险控制指标的具体情况和达标情况，并至少获得主要股东的签收确认证明文件。

净资本指标与上月相比发生 20% 以上不利变化或不符合规定标准时，证券公司应当在 5 个工作日内向公司全体董事报告，10 个工作日内向公司全体股东报告。

第二十五条　证券公司应当在每月结束之日起 7 个工作日内，向中国证监会及其派出机构报送月度风险控制指标监管报表。

派出机构可以根据监管需要，要求辖区内单个、部分或者全部证券公司在一定阶段内按周或者按日编制并报送各项风险控制指标监管报表。

第二十六条　证券公司的净资本等风险控制指标与上月相比发生不利变化超过 20% 的，应当在该情形发生之日起 3 个工作日内，向中国证监会及其派出机构报告，说明基本情况和变化原因。

第二十七条　证券公司的净资本等风险控制指标达到预警标准或者不符合规定标准的，应当分别在该情形发生之日起 3 个、1 个工作日内，向中国证监会及其派出机构报告，说明基本情况、问题成因以及解决问题的具体措施和期限。

第五章　监督管理

第二十八条　证券公司的财务会计报告、风险控制指标监管报表被注册会计师出具了保留意见、带强调事项段或其他事项段无保留意见的，证券公司应当就涉及事项进行专项说明。

涉及事项不属于明显违反会计准则、证券公司净资本计算规则等有关规定的，中国证监会及其派出机构可以要求证券公司说明该事项对公司净资本等风险控制指标的影响。

涉及事项属于明显违反会计准则、证券公司净资本计算规则等有关规定的，中国证监会及其派出机构可以要求证券公司限期纠正、重新编制风险控制指标监管报表；证券公司未限期纠正的，中国证监会及其派出机构可以认定其净资本等风险控制指标低于规定标准。

第二十九条　证券公司的财务会计报告、风险控制指标监管报表被注册会计师出具了无法表示意见或者否定意见的，中国证监会及其派出机构可以认定其净资本等风险控制指标低于规定标准。

第三十条　证券公司未按照监管部门要求报送风险控制指标监管报表，或者风险控制指标监管报表存在重大错报、漏报

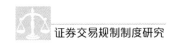

以及虚假报送情况，中国证监会及其派出机构可以根据情况采取出具警示函、责令改正、监管谈话、责令处分有关人员等监管措施。

第三十一条 证券公司净资本或者其他风险控制指标不符合规定标准的，派出机构应当责令公司限期改正，在 5 个工作日制定并报送整改计划，整改期限最长不超过 20 个工作日；证券公司未按时报送整改计划的，派出机构应当立即限制其业务活动。

整改期内，中国证监会及其派出机构应当区别情形，对证券公司采取下列措施：

（一）停止批准新业务；

（二）停止批准增设、收购营业性分支机构；

（三）限制分配红利；

（四）限制转让财产或在财产上设定其他权利。

第三十二条 证券公司整改后，经派出机构验收符合有关风险控制指标的，中国证监会及其派出机构应当自验收完毕之日起 3 个工作日内解除对其采取的有关措施。

第三十三条 证券公司未按期完成整改的，自整改期限到期的次日起，派出机构应当区别情形，对其采取下列措施：

（一）限制业务活动；

（二）责令暂停部分业务；

（三）限制向董事、监事、高级管理人员支付报酬、提供福利；

（四）责令更换董事、监事、高级管理人员或者限制其权利；

（五）责令负有责任的股东转让股权，限制负有责任的股东行使股东权利；

（六）认定负有责任的董事、监事、高级管理人员为不适当人选；

（七）中国证监会及其派出机构认为有必要采取的其他措施。

第三十四条　证券公司未按期完成整改、风险控制指标情况继续恶化，严重危及该证券公司的稳健运行的，中国证监会可以撤销其有关业务许可。

第三十五条　证券公司风险控制指标无法达标，严重危害证券市场秩序、损害投资者利益的，中国证监会可以区别情形，对其采取下列措施：

（一）责令停业整顿；

（二）指定其他机构托管、接管；

（三）撤销经营证券业务许可；

（四）撤销。

第六章　附　则

第三十六条　本办法下列用语的含义：

（一）风险资本准备：指证券公司在开展各项业务等过程中，因市场风险、信用风险、操作风险等可能引起的非预期损失所需要的资本。证券公司应当按照一定标准计算风险资本准备并与净资本建立对应关系，确保风险资本准备有对应的净资本支撑。

（二）负债：指对外负债，不含代理买卖证券款、信用交易代理买卖证券款、代理承销证券款。

（三）资产：指自有资产，不含客户资产。

（四）或有负债：指过去的交易或者事项形成的潜在义务，其存在须通过未来不确定事项的发生或者不发生予以证实；或过去的交易或者事项形成的现时义务，履行该义务不是很可能导致经济利益流出企业或该义务的金额不能可靠计量。

（五）表内外资产总额：表内资产余额与表外项目余额之和。

第三十七条　本办法自 2006 年 11 月 1 日起施行。